KB035336

레전드
프랑스어
필수단어

랭귀지북스

NEW 레전드
프랑스어 필수단어

개정2판 1쇄 **발행** 2023년 8월 10일
개정2판 1쇄 **인쇄** 2023년 8월 1일

저자 홍연기
감수 Najat Sifer
기획 김은경
편집 이지영 · Margarine
디자인 IndigoBlue
삽화 서정임
성우 Fanny Gauthier · 오은수
녹음 Charm (주)참미디어

발행인 조경아
총괄 강신갑
발행처 랭귀지북스
등록번호 101-90-85278 **등록일자** 2008년 7월 10일
주소 서울시 마포구 포은로2나길 31 벨라비스타 208호
전화 02.406.0047 **팩스** 02.406.0042
이메일 languagebooks@hanmail.net
MP3 다운로드 blog.naver.com/languagebook

ISBN 979-11-5635-204-4 (13760)
값 18,000원

Avant-propos 머리말

쉽고 재미있게 시작하는 **프랑스어** 필수 **단어**

프랑스어 공부를 위해 이 책을 펴 든 분들이라면 한 번쯤 이런 생각해 보셨죠? '프랑스어 공부하기 쉽지 않다!' 영어와 비슷해 처음엔 쉽게 느껴지던 프랑스어도, 명사의 성을 따지고, 형용사나 동사의 변형을 고민하다 보면 결코 쉽지만은 않다는 걸 깨닫게 되지요.

어떤 언어를 가장 잘 사용할 수 있는 첫걸음은 어휘를 많이 알아두는 것이랍니다. 비록 프랑스어 어휘를 익히는 데 많은 시간과 노력이 필요할지라도 막상 프랑스어를 써야 하는 순간에는 여러분이 기억하고 있는 어휘들이 무엇보다 든든한 지원군이 되어줄 거예요.

맛있는 음식을 먹으며 '좋아요!'라고 말하고 싶을 때, 여러분은 수많은 표현을 고민할 필요 없이 한 단어만 기억하면 되지요. "Bon ! 봉!" 누군가가 여러분에게 작은 친절을 베풀 때, '고마워요.'라고 말하고 싶을 때는 "Merci. 메흐씨". 작은 실수를 했을 때, '실례합니다, 미안합니다'의 뜻으로 "Pardon. 빠흐동"이라고 하면 됩니다.

예의를 갖춘 표현이나 자세히 설명하기 위한 표현들 역시 여러분이 충분한 어휘를 습득한다면 자유롭게 구사할 수 있어요. 그래서 이 책은 복잡하고 학문적인 어휘보다 실생활에서 접하게 되는 주제들을 중심으로 여러분이 알아야 할 어휘들을 모았습니다. 복잡한 문법이나 섬세한 표현을 공부하기 전에 간단하고 쉬운 단어들부터 익혀두세요. 문법적인 오류를 따지기 전에 명사의 성과 수를 먼저 정확히 아는 것이 명확한 프랑스어를 구사하는 첫 번째 단계입니다. 그럼 이제 자신감을 갖고 시작해 보세요.

이 책이 나오기까지 한결같이 도움을 준 Najat Sifer 씨, 변함없는 응원과 사랑을 보내준 저의 어머니와 언니에게 감사의 인사를 드립니다. 그리고 이 책을 집어 든 독자분들께 더 큰 응원을 보냅니다.

Soyez confiants !

저자 홍연기

프랑스 현지에서 가장 많이 쓰는 필수 어휘를 엄선해 모았습니다. 일상생활에 꼭 필요한 어휘 학습을 통해 다양한 회화 구사를 위한 기본 바탕을 다져 보세요.

1. 프랑스어 필수 어휘 약 2,500개!

왕초보부터 초·중급 수준의 프랑스어 학습자를 위한 필수 어휘집으로, DELF A1~B2 수준의 필수 어휘를 기본으로 하여, 일상생활에서 꼭 필요한 대표 주제 24개를 선정하였고, 추가로 11개의 주제를 포함하여 약 2,500개의 어휘를 담았습니다.

24개 주제별 어휘 학습 후 '꼭 써먹는 실전 회화'의 짧고 재미있는 상황을 통해 실전 회화에서 어떻게 응용되는지 확인해 보세요.
그리고 6개 챕터의 마지막 부분에는 간단한 '연습 문제'가 있어 테스트도 할 수 있어요.

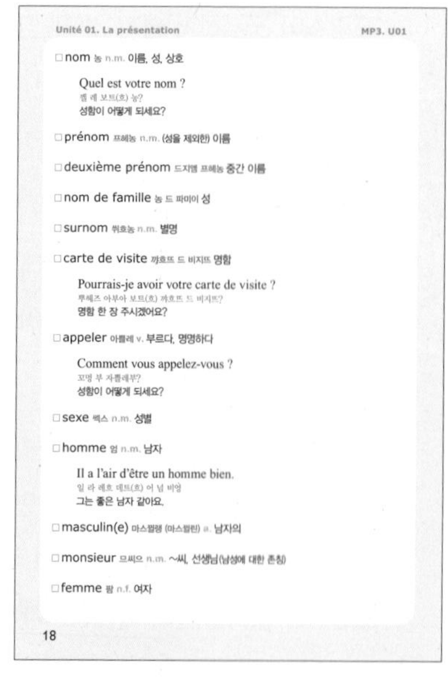
Unité 01. La présentation MP3. U01

□ nom 농 n.m. 이름, 성, 상호

Quel est votre nom ?
켈 레 보트(흐) 농?
성함이 어떻게 되세요?

□ prénom 프헤농 n.m. (성을 제외한) 이름

□ deuxième prénom 드지엠 프헤농 중간 이름

□ nom de famille 농 드 파미이 성

□ surnom 쉬흐농 n.m. 별명

□ carte de visite 꺄흐뜨 드 비지뜨 명함

Pourrais-je avoir votre carte de visite ?
뿌헤즈 아부아 보트(흐) 꺄흐뜨 드 비지뜨?
명함 한 장 주시겠어요?

□ appeler 아쁠레 v. 부르다, 명명하다

Comment vous appelez-vous ?
꼬멍 부 자쁠레부?
성함이 어떻게 되세요?

□ sexe 쎅스 n.m. 성별

□ homme 엄 n.m. 남자

Il a l'air d'être un homme bien.
일 라 레흐 데트(흐) 어 넘 비엉
그는 좋은 남자 같아요.

□ masculin(e) 마스뀔랭 (마스뀔린) a. 남자의

□ monsieur 므씨으 n.m. ~씨, 선생님(남성에 대한 존칭)

□ femme 팜 n.f. 여자

18

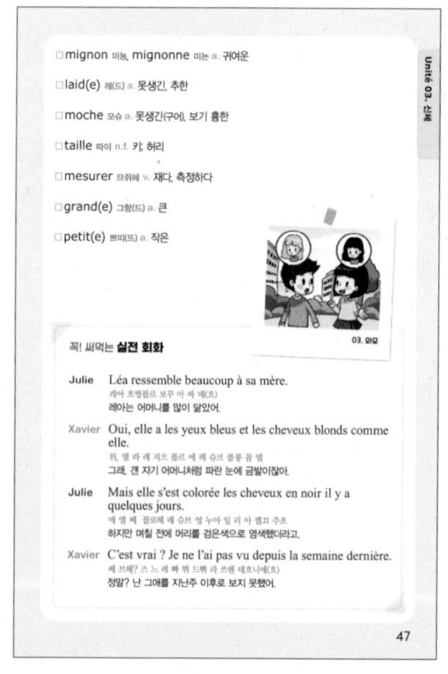
Unité 03. 신체

□ mignon 미뇽, mignonne 미뇬 a. 귀여운

□ laid(e) 레(드) a. 못생긴, 추한

□ moche 모슈 a. 못생긴(구어), 보기 흉한

□ taille 따이 n.f. 키; 허리

□ mesurer 므쥐헤 v. 재다, 측정하다

□ grand(e) 그랑(드) a. 큰

□ petit(e) 쁘띠(뜨) a. 작은

03. 외모

꼭! 써먹는 **실전 회화**

Julie Léa ressemble beaucoup à sa mère.
레아 흐썽블르 보꾸 아 싸 메(흐)
레아는 어머니를 많이 닮았어.

Xavier Oui, elle a les yeux bleus et les cheveux blonds comme elle.
위, 엘 라 레 지으 블르 에 레 슈브 블롱 꼼 엘
그래, 갠 자기 어머니처럼 파란 눈에 금발이잖아.

Julie Mais elle s'est colorée les cheveux en noir il y a quelques jours.
메 엘 쎄 꼴로헤 레 슈브 엉 누아 일 리 아 껠끄 주흐
하지만 며칠 전에 머리를 검은색으로 염색했더라고.

Xavier C'est vrai ? Je ne l'ai pas vu depuis la semaine dernière.
쎄 브헤? 즈 느 레 빠 뷔 드쀠 라 쓰멘 데흐니에(흐)
정말? 난 그애를 지난주 이후로 보지 못했어.

47

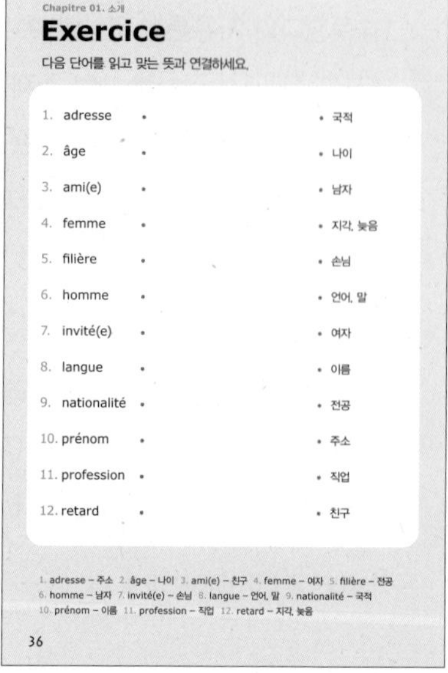
Chapitre 01. 소개

Exercice

다음 단어를 읽고 맞는 뜻과 연결하세요.

1. adresse •	• 국적
2. âge •	• 나이
3. ami(e) •	• 남자
4. femme •	• 지각, 늦음
5. filière •	• 손님
6. homme •	• 언어, 말
7. invité(e) •	• 여자
8. langue •	• 이름
9. nationalité •	• 전공
10. prénom •	• 주소
11. profession •	• 직업
12. retard •	• 친구

1. adresse – 주소 2. âge – 나이 3. ami(e) – 친구 4. femme – 여자 5. filière – 전공 6. homme – 남자 7. invité(e) – 손님 8. langue – 언어, 말 9. nationalité – 국적 10. prénom – 이름 11. profession – 직업 12. retard – 지각, 늦음

36

2. 눈에 쏙 들어오는 그림으로 기본 어휘 다지기!

1,000여 컷 이상의 일러스트와 함께 기본 어휘를 쉽게 익힐 수 있습니다. 재미있고 생생한 그림과 함께 학습하는 기본 어휘는 기억이 오래갑니다.

Unité 04.

감정 & 성격 Le sentiment et le caractère 르 쌍띠멍 에 르 꺄학때(흐)

□ plaisant(e) 쁠레장(뜨)
a. 기분 좋은, 재미있는

□ plaisir 쁠레지 n.m. 기쁨, 쾌락

□ se réjouir 쓰 헤주이 v. 기뻐하다

□ heureux 외흐, heureuse 외흐즈
a. 행복한

□ bonheur 보뇌
n.m. 행복, 행운

□ satisfait(e) 싸띠스페(뜨) a. 만족한

□ suffisant(e) 쒸피장(뜨) a. 충분한

□ ravi(e) 하비
a. 몹시 기쁜

□ amusant(e) 아뮈장(뜨)
a. 재미있는

□ rassurant(e) 하쒸항(뜨)
a. 안심이 되는

□ intéressant(e) 앵떼해쌍(뜨)
a. 흥미로운

□ joie 주아
n.f. 환희

48

3. 바로 찾아 바로 말할 수 있는 한글 발음 표기!

기초가 부족한 초보 학습자가 프랑스어를 읽을 수 있는 가장 쉬운 방법은 바로 한글 발음입니다. 프랑스어 발음이 우리말과 일대일로 대응하진 않지만, 여러분의 학습에 편의를 드리고자 프랑스에서 사용하는 표준 발음과 최대한 가깝게 한글로 표기하였습니다. 초보자도 자신 있게 말할 수 있어요.

4. 말하기 집중 훈련 MP3!

이 책에는 프랑스어 알파벳부터 기본 단어, 기타 추가 단어까지 프랑스 원어민의 정확한 발음으로 녹음한 파일이 들어 있습니다.

프랑스어만으로 구성된 '**프랑스어**' **F버전**과 프랑스어와 한국어를 이어서 들을 수 있는 '**프랑스어+한국어**' **K버전**, 두 가지 버전의 파일을 제공합니다. 학습자 수준과 원하는 구성의 파일을 선택하여, 자주 듣고 큰 소리로 따라 하며 학습 효과를 높여 보세요.

MP3

blog.naver.com/languagebook

Table des matières 차례

기초 다지기

Chapitre 1 인사

Chapitre 2 사람

Chapitre 3 자연

Chapitre 4 가정

Chapitre 5 장소

Chapitre 6 여행

Chapitre 7 기타

찾아보기

1. 알파벳
2. 인칭 대명사

프랑스에 관하여

- **국명** 프랑스 공화국(La République française 라 헤쀠블리끄 프랑쎄즈)
- **위치** 유럽 중서부
- **수도** 파리(Paris 빠히)
- **언어** 프랑스어(Français 프랑쎄)
- **인구** 68,042,591명 (2023년 1월 기준)
- **면적** 675,417㎢ (속령 포함. 본토 면적 551,500㎢)
- **국내총생산** 1인당 55,043US$ (2022년 기준)
- **화폐** 유로(Euro 으호)

*출처: 외교부 www.mofa.go.kr/, www.insee.fr/, data.oecd.org/france.htm

1. MP3. U00

알파벳 Alphabet 알파베

프랑스어는 26개의 기본 알파벳으로 구성되어 있으며, 여기에 accent aigu 악썽 떼귀, accent grave 악썽 그하브, accent circonflexe 악썽 씨흐꽁플렉스, tréma 트헤마, cédille 쎄디이라는 다섯 개의 철자 부호를 덧붙입니다.

이름	accent aigu	accent grave	accent circonflexe	tréma	cédille
사용하는 모음자	é	à è ù	â ê î ô û	ë ï ü	ç

1. 모음 voyelles 6개

A/a 아	E/e 으	I/i 이	O/o 오	U/u 위	Y/y 이그헥
t**a**sse 따쓰 찻잔	**e**t 에 그리고	**i**ci 이씨 여기에	m**o**t 모 단어	n**u**it 뉘 밤	l**y**cée 리쎄 고등학교

2. 자음 consonnes 20개

A/a 아	B/b 베	C/c 쎄	D/d 데	E/e 으
	bière 비애(흐) 맥주	**c**eci 쓰씨 이것	**d**ent 덩 치아	
F/f 에프	**G/g** 제	**H/h** 아슈	I/i 이	**J/j** 지
femme 팜 여성	**g**ens 정 사람들	**h**omme 엄 남자		**j**our 주흐 날

K/k 꺄	L/l 엘	M/m 엠	N/n 엔	O/o 오
kiosque 끼오스끄 가판점	**l**iquide 리뀌드 액체	**m**ère 매(흐) 어머니	**n**eige 네즈 눈	

P/p 빼	Q/q 뀌	R/r 에흐	S/s 에쓰	T/t 떼
père 빼(흐) 아버지	**q**uartier 꺄흐띠에 1/4; 구역	**r**obe 호브 원피스	**s**aison 쎄종 계절	**t**hé 떼 차

U/u 위	V/v 베	W/w 두블르베	X/x 익스	Y/y 이그핵	Z/z 제드
	vrai 브헤 참된	**w**ifi 위피 와이파이	lu**x**e 뤽쓰 명품		**z**éro 제호 0

3. 발음

(1) **A/a**, **À/à**, **Â/â** 아는 [아] 소리입니다.

(2) **B/b** 베는 [ㅂ] 소리입니다.

(3) **C/c** 쎄는 뒤에 e, i, y가 오면 [ㅆ], a, o, u가 오면 [ㄲ] 소리가 납니다.
Ç/ç는 항상 [ㅆ] 소리가 납니다. ch는 [슈] 소리입니다.

(4) **D/d** 데는 [ㄷ] 소리입니다.

(5) **E/e** 으는 [애] 혹은 [으] 소리입니다. 모음자 **E/e**가 제일 뒤에 위치할 때는 발음을 하지 않지만, 단음절일 때는 발음합니다. **É/é**, **Ê/ê**, **Ë/ë**는 [에] 소리를, **È/è**는 [애] 소리를 냅니다.

(6) **F/f** 에프는 [ㅍ] 소리와 [ㅎ] 소리의 중간 정도로 발음해 줍니다.
이 책에서는 편의상 [ㅍ]로 표기하였습니다.

(7) **G/g** 제는 뒤에 e, i, y가 오면 [ㅈ], a, o, u가 오면 [ㄱ] 소리가 납니다.
g 뒤에 오는 u는 발음하지 않습니다.

(8) **H/h** 아슈는 발음하지 않습니다.

(9) **I/i**, **Î/î**, **Ï/ï** 이는 [이] 소리입니다. i가 다른 모음 앞에 올 때는 짧게 발음하는 반모음이 됩니다.

(10) **J/j** 지는 [ㅈ] 소리입니다.

(11) **K/k** 까는 [ㄲ] 소리입니다.

(12) **L/l** 엘은 [ㄹ] 소리입니다.

(13) **M/m** 엠은 [ㅁ] 소리입니다.

(14) **N/n** 엔은 [ㄴ] 소리입니다. gn의 경우 [뉴] 발음을 합니다.

(15) **O/o**, **Ô/ô** 오는 [오] 소리입니다. au와 eau도 [오]로 발음합니다.

(16) **P/p** 뻬는 [ㅃ] 소리입니다. r 앞에서는 [ㅍ]로 발음합니다.
ph의 경우 [ㅍ] 소리와 [ㅎ] 소리의 중간 정도로 발음합니다.

(17) **Q/q** 뀌는 [ㄲ] 발음이며, q 뒤에 나오는 모음자 u는 발음하지 않습니다.

(18) **R/r** 에흐는 [ㄹ] 소리와 [ㅎ] 소리의 중간 정도로 발음해 줍니다.
이 책에서는 편의상 [ㅎ]로 표기하였습니다.

(19) **S/s** 에쓰는 [ㅆ] 소리입니다. 그러나 모음 사이에 올 경우 [ㅈ] 발음이 납니다.
ss는 항상 [ㅆ] 소리입니다.

(20) **T/t** 떼는 [ㄸ] 소리입니다. r 앞에서는 [ㅌ]로 발음합니다.
-tio, -tia의 경우 t는 [ㅆ] 발음을 내지만, -stio, -stia의 t는 [ㄸ] 소리입니다.

(21) **U/u**, **Ù/ù**, **Û/û**, **Ü/ü** 위는 [위] 발음입니다. [오] 소리를 낼 때처럼 입술을 동그랗게 하고 [이] 소리를 내면 됩니다. 다른 모음 앞에 오는 경우 짧게 발음하는 반모음이 됩니다.

(22) **V/v** 베는 [ㅂ] 소리입니다.

(23) **W/w** 두블르베는 [ㅇ] 소리입니다.

(24) **X/x** 익스는 [ㄱㅆ] 발음입니다. [애] 소리가 나는 모음 사이에 끼어 있는 경우는 [ㄱㅈ]로 발음합니다. 맨 끝에 올 때는 [ㅆ] 소리입니다.

(25) **Y/y** 이그렉은 [이] 소리입니다.

(26) **Z/z** 제드는 [ㅈ] 발음입니다.

2.
인칭 대명사

프랑스어에서 인칭 대명사는 주어로 사용될 때와 보어로 사용될 때, 그리고 강조를 위해 사용될 때로 구분하여 쓸 수 있습니다.

수	인칭	**주격** 인칭 대명사	**보어** 인칭 대명사		**강세형** 인칭 대명사
			직접	**간접**	
단수	1인칭	je(j') 즈 나	me 므	me 므	moi 무아
	2인칭	tu 뛰 너	te 뜨	te 뜨	toi 뚜아
	3인칭	il/elle 일/엘 그/그녀	le/la 르/라	lui 뤼	lui/elle 뤼/엘
복수	1인칭	nous 누 우리	nous 누	nous 누	nous 누
	2인칭	vous 부 당신, 당신들	vous 부	vous 부	vous 부
	3인칭	ils/elles 일/엘 그들/그녀들	les 레	leur 뢰흐	eux/elles 으/엘

표기법

프랑스어의 거의 모든 명사는 성별 구분이 있습니다. '**m.**'은 'masculin 마스뀔랭(남성형)'의 약자이며, '**f.**'는 'féminin 페미냉(여성형)'의 약자입니다. 명사(n.)로만 표시된 단어나 형용사(a.)의 경우 [남성형-제2남성형-여성형-복수형]의 순서로 나열합니다. (제2남성형과 복수형은 예외적인 경우에 한하여 표시함) 본 책에서 사용된 품사 표기법을 참고하세요.

n.	명사	v.	동사	a.	형용사
n.m.	남성 명사	n.f.	여성 명사	n.m.f.	남성과 여성 모두에 해당하는 명사
n.m.pl.	남성 명사 복수	n.f.pl.	여성 명사 복수	pl.	복수
ad.	부사	prép.	전치사	conj.	접속사

Chapitre 01

Unité 01.

소개 La présentation 라 프헤정따씨옹

□ nom 농
n.m. 이름

□ prénom 프헤농
n.m. (성을 제외한) 이름

□ deuxième prénom 드지앰 프헤농
중간 이름

□ surnom 쒸흐농
n.m. 별명

□ appeler 아쁠레
v. 부르다, 명명하다

□ nom de famille 농 드 파미이
성

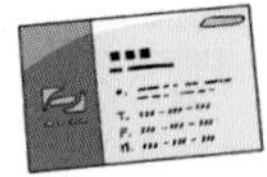

□ carte de visite 꺄흐뜨 드 비지뜨
명함

□ sexe 쎅스
n.m. 성별

□ homme 엄
n.m. 남자

□ femme 팜
n.f. 여자

□ monsieur 므씨으
n.m. ~씨, 선생님 (남성에 대한 존칭)

□ madame 마담
n.f. ~씨, 부인(기혼 여성에 대한 존칭)

□ mademoiselle 마드무아젤
n.f. ~씨, 양(미혼 여성에 대한 존칭)

□ âge 아즈
n.m. 나이

□ né(e) 네
a. 태어난

□ nationalité 나씨오날리떼
n.f. 국적

□ langue 랑그
n.f. 언어, 말

□ filière 필리애(흐)
n.f. 전문 과정, 전공

□ adresse 아드헤스
n.f. 주소

□ habiter 아비떼
v. 살다, 거주하다

□ date de naissance
다뜨 드 네쌍스 생일, 출생일

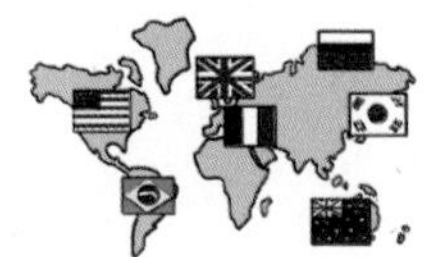

□ pays 뻬이
n.m. 나라, 국가

□ profession 프호페씨옹
n.f. 직업

□ numéro de téléphone
뉘메호 드 뗄레폰 전화번호

□ religion 흘리지옹
n.f. 종교

□ présenter 프헤정떼
v. 소개하다

□ présentation 프헤정따씨옹
n.f. 소개

□ saluer 쌀뤼에
v. 인사하다

□ salutation 쌀뤼따씨옹
n.f. 인사, 안부

□ première impression
프흐미애(흐) 앵프헤씨옹 첫인상

□ inviter 앵비떼
v. 초대하다

□ invitation 앵비따씨옹
n.f. 초대

□ connaître 꼬네트(흐)
v. 알다, 친분이 있다

□ connaissance 꼬네쌍스
n.f. 친분, 아는 사람

□ enchanté(e) 엉샹떼
a. 기쁜, 반가운

□ bienvenu(e) 비엉브뉘
a. 반가운, 환영받는

□ invité(e) 앵비떼
n. 초대받은 사람, 손님

□ ami(e) 아미
n. 친구

□ chez 쉐
prép. ~의 집에

□ amical(e) 아미꺌
a. 우정 어린, 우호적인

□ visiter 비지떼
v. 방문하다, 견학하다

□ familier 파밀리에,
familière 파밀리애(흐)
a. 익숙한, 친근한

□ étranger 에트랑제,
étrangère 에트랑재(흐)
a. 외국의, 낯선

□ Bonjour. 봉주
안녕하세요.

□ Ça va (bien) ? 싸 바 (비엉)?
잘 지내요?

□ Enchanté(e). 엉샹떼
반갑습니다.

□ Comment allez-vous ?
꼬멍 딸레부? 어떻게 지내요?

□ Salut. 쌀뤼
안녕. (가까운 사이, 만나거나 헤어질 때)

□ Au revoir. 오 흐부아
잘 가요.

□ nom 농 n.m. 이름, 성, 상호

Quel est votre nom ?
껠 레 보트(흐) 농?
성함이 어떻게 되세요?

□ prénom 프헤농 n.m. (성을 제외한) 이름

□ deuxième prénom 드지앰 프헤농 중간 이름

□ nom de famille 농 드 파미이 성

□ surnom 쒸흐농 n.m. 별명

□ carte de visite 꺄흐뜨 드 비지뜨 명함

Pourrais-je avoir votre carte de visite ?
뿌헤즈 아부아 보트(흐) 꺄흐뜨 드 비지뜨?
명함 한 장 주시겠어요?

□ appeler 아쁠레 v. 부르다, 명명하다

Comment vous appelez-vous ?
꼬멍 부 자쁠레부?
성함이 어떻게 되세요?

□ sexe 쎅스 n.m. 성별

□ homme 엄 n.m. 남자

Il a l'air d'être un homme bien.
일 라 레흐 데트(흐) 어 넘 비엉
그는 좋은 남자 같아요.

□ masculin(e) 마스뀔랭 (마스뀔린) a. 남자의

□ monsieur 므씨으 n.m. ~씨, 선생님(남성에 대한 존칭)

□ femme 팜 n.f. 여자

□ féminin(e) 페미냉 (페미닌) a. 여자의

□ madame 마담 n.f. ~씨, 부인(기혼 여성에 대한 존칭)

□ mademoiselle 마드무아젤 n.f. ~씨, 양(미혼 여성에 대한 존칭)

□ âge 아즈 n.m. 나이

Quel âge a-t-il ?
껠 라즈 아띨?
그는 몇 살인가요?

□ né(e) 네 a. 태어난

□ date de naissance 다뜨 드 네쌍스 생일, 출생일

□ nationalité 나씨오날리떼 n.f. 국적

□ nationalité acquise 나씨오날리떼 아끼즈 국적 취득
□ perte de nationalité 뻬흐뜨 드 나씨오날리떼 국적 상실
□ double nationalité 두블르 나씨오날리떼 이중 국적

De quelle nationalité êtes-vous?
드 껠 나씨오날리떼 에뜨부?
국적이 어떻게 되나요?

□ pays 뻬이 n.m. 나라, 국가

□ langue 랑그 n.f. 언어, 말

Quelles langues parlez-vous ?
껠 랑그 빠흘레부?
몇 개 국어를 하시나요?

□ bilingue 빌랭그 a. 2개 국어를 하는 n. 2개 국어를 쓰는 사람

□ filière 필리애(흐) n.f. 전문 과정, 전공

Quelle est votre filière ?
껠 레 보트(흐) 필리애(흐)?
전공이 뭐예요?

□ profession 프호페씨옹 n.f. 직업

□ adresse 아드헤스 n.f. 주소

□ habiter 아비떼 v. 살다, 거주하다

J'habite seul(e).
자비뜨 쐴
저는 혼자 살아요.

□ lieu de résidence 리으 드 헤지덩쓰 거주지, 거처

□ numéro de téléphone 뉘메호 드 뗄레폰 전화번호

□ présenter 프헤정떼 v. 소개하다

□ présentation 프헤정따씨옹 n.f. 소개

□ connaître 꼬네트(흐) v. 알다, 친분이 있다

Connaissez-vous Mme. Dubois ?
꼬네쎄부 마담 뒤부아?
뒤부아 부인을 아시나요?

□ connaissance 꼬네쌍스 n.f. 아는 사람

□ longtemps 롱떵 ad. 오래, 오랫동안

□ dernier 데흐니에, dernière 데흐니애(흐)
a. (명사 앞) 최근의, 마지막의; (명사 뒤) 지난, 요전의

Que faites-vous ces derniers temps ?
끄 페뜨부 쎄 데흐니에 떵?
요즘 어떻게 지내셨어요?

□ saluer 쌀뤼에 v. 인사하다

Saluez votre famille pour moi.
쌀뤼에 보트(흐) 파미이 뿌흐 무아
가족들에게 제 안부 전해 주세요.

□ salutation 쌀뤼따씨옹 n.f. 인사, 안부

Bonjour.
봉주
안녕하세요. (낮에 만났을 때)

Bonne journée.
본 주흐네
좋은 하루 되세요. (낮에 헤어질 때)

Bonsoir.
봉쑤아
안녕하세요. (저녁에 만났을 때)

Bonne soirée.
본 쑤아헤
좋은 저녁 되세요. (저녁에 헤어질 때)

Bonne nuit.
본 뉘
잘 자요.

Salut.
쌀뤼
안녕. (가까운 사이일 경우, 만나거나 헤어질 때)

Ça va (bien) ?
싸 바 (비엉)?
잘 지내요?

Comment allez-vous ?
꼬멍 딸레부?
어떻게 지내요?

Comment ça va ?
꼬멍 싸 바?
어떻게 지내?

Au revoir.
오 흐부아
잘 가요.

□ enchanté(e) 엉샹떼 a. 기쁜, 반가운

Enchanté(e) de vous rencontrer.
엉샹떼 드 부 헝꽁트헤
만나서 반갑습니다.

Enchanté(e).
엉샹떼
반갑습니다.

□ bienvenu(e) 비엉브뉘 a. 환영받는

Bienvenue.
비엉브뉘
환영합니다.

□ première impression 프흐미애(흐) 앵프헤씨옹 첫인상

La première impression est souvent déterminante dans les relations avec les autres.
라 프흐미애(흐) 앵프헤씨옹 에 쑤벙 데때흐미낭뜨 당 레 흘라씨옹 아베끄 레 조트(흐)
첫인상은 종종 다른 사람들과의 관계에서 결정적이지요.

□ inviter 앵비떼 v. 초대하다

□ invitation 앵비따씨옹 n.f. 초대

□ invité(e) 앵비떼 n. 초대받은 사람, 손님

□ voisin(e) 부아쟁 (부아진) a. 이웃의 n. 이웃

Ma mère a invité ses nouveaux voisins.
마 매(흐) 아 앵비떼 쎄 누보 부아쟁
우리 어머니가 새 이웃들을 초대했어요.

□ ami(e) 아미 n. 친구

□ amical(e) 아미꺌 a. 우정 어린, 우호적인

□ visiter 비지떼 v. 방문하다, 견학하다

Je vais visiter le Japon cet hiver.
즈 베 비지떼 르 자뽕 쎄 띠베
이번 겨울에 일본을 방문할 거예요.

tip. visiter는 어떤 곳에 잠깐 방문하는 것이 아니라, 한 곳에서 시간을 들여 구석구석 둘러보는 것을 의미합니다.

□ visiteur 비지뙤 n. 방문객

□ chez 쉐 prép. ~의 집에

□ familier 파밀리에, familière 파밀리애(흐) a. 익숙한, 친근한

Ce quartier m'est familier depuis longtemps.
쓰 꺄흐띠에 메 파밀리에 드쀠 롱떵
이 동네는 나에겐 오래 전부터 익숙한 곳이에요.

□ étranger 에트항제, étrangère 에트항재(흐) a. 외국의, 낯선

□ religion 흘리지옹 n.f. 종교

Quelle est sa religion ?
껠 레 싸 흘리지옹?
그는 종교가 무엇인가요?

□ chrétien 크헤띠엉, chrétienne 크헤띠엔 a. 기독교의 n.m. 기독교 n. 기독교인

□ église 에글리즈 n.f. 교회

Ma mère va à l'église le dimanche.
마 매(흐) 바 아 레글리즈 르 디망슈
우리 어머니는 일요일에 교회에 가세요.

□ catholicisme 꺄똘리씨즘 n.m. 가톨릭, 천주교

□ protestantisme 프호떼스땅띠즘 n.m. 개신교

□ islam 이슬람 n.m. 이슬람교

□ musulman(e) 뮈쥘망(뮈쥘만) a. 이슬람교의 n. 이슬람교도, 무슬림

Il est musulman pratiquant.
일 레 뮈쥘망 프하띠깡
그는 독실한 무슬림이에요.

□ bouddhisme 부디즘 n.m. 불교

Récemment, il s'est entiché du bouddhisme.
헤싸멍, 일 쎄 떵띠쉐 뒤 부디즘
그는 최근에 불교에 심취했어요.

□ bouddhique 부디끄 a. 불교의

□ bouddhiste 부디스뜨 n. 불교 신자

Le nombre de personnes s'intéressant à la culture asiatique augmentant, le nombre de bouddhistes augmentent.
르 농브(흐) 드 뻬흐쏜 쌩떼헤쌍 알 라 뀔뛰(흐) 아지아띠끄 오그멍땅, 르 농브(흐) 드 부디스뜨 오그멍뜨
아시아 문화에 관심을 갖는 사람이 많아지면서 불교 신자도 늘었어요.

□ hindouisme 앵두이즘 n.m. 힌두교

□ hindouiste 앵두이스뜨 a. 힌두교의 n. 힌두교도

Ganesh est hindouiste et végétarien.
가네슈 에 땡두이스뜨 에 베제따히엉
가네슈는 힌두교도이자 채식주의자예요.

· **tip.** 사전에서 '힌두교도'를 가리키는 단어로 hindouiste 외에도 hindou 앵두라는 단어가 있어요. 서로 비슷한 단어이지만 hindou는 아메리칸 인디언(Indien d'Amérique 앵 디엉 다메히끄)과 인도인(Indien 앵디엉)을 구분하기 위해 '인도인'이라는 뜻으로 씁니다. 반면 hindouiste는 힌두교를 믿는 이들을 가리키는 종교적 어휘입니다.

□ athée 아떼 a. 무신론의 n. 무신론자

Il est athée.
일 레 따떼
그는 무신론자예요.

01. 안부 인사

꼭! 써먹는 **실전 회화**

Éric Bonjour, Julie. Comment vas-tu ?
봉주, 쥘리. 꼬멍 바뛰?
안녕, 쥘리. 어떻게 지냈니?

Julie Bien comme toujours.
Et toi, qu'as-tu fait ce week-end ?
비엉 꼼 뚜주. 에 뚜아, 꺄뛰 페 쓰 위껜드?
평소처럼 잘 지냈지. 넌 주말 어떻게 보냈니?

Éric Je suis allé chez Léa avec des amis.
즈 쒸 잘레 쉐 레아 아베끄 데 자미
친구들과 레아네 집에 갔었어.

Julie Comment va-t-elle ?
꼬멍 바뗄?
그 앤 어떻게 지내?

Éric Elle va bien.
엘 바 비엉
걘 잘 지내.

Unité 02.

감사 & 사과 Le merci et l'excuse 르 메흐씨 에 렉스뀌즈

□ merci 메흐씨
n.m. 감사

□ remercier 흐메흐씨에
v. 감사하다

□ dette 뎃뜨
n.f. 빚, 신세

□ considération 꽁씨데하씨옹
n.f. 배려, 고려

□ gentillesse 정띠이에쓰
n.f. 친절, 호의

□ aide 에드
n.f. 도움, 지원

□ aider 에데
v. 돕다

□ accorder 아꼬흐데
v. 일치시키다, 맞추다

□ attendre 아떵드(흐)
v. 기다리다

□ penser 뻥쎄
v. 생각하다

□ prier 프히에
v. 간청하다; 기도하다

□ demander 드망데
v. 요구하다, 요청하다

□ conseiller 꽁쎄이에 v. 충고하다

□ conseil 꽁쎄이 n.m. 충고

□ compliment 꽁쁠리멍
n.m. 칭찬, 축사

□ comprendre 꽁프헝드(흐)
v. 이해하다, 알다

□ important(e) 앵뽀흐땅(뜨)
a. 중요한

□ grave 그하브
a. 중대한, 심각한

□ encourager 엉꾸하제 v. 격려하다

□ encouragement 엉꾸하즈멍
n.m. 격려

□ flatter 플라떼
v. 기분 좋게 하다, 추켜세우다

□ guider 기데
v. 안내하다, 인도하다

□ excuser 엑스뀌제 v. 용서하다

□ pardonner 빠흐도네 v. 용서하다

□ pardon 빠흐동 n.m. 용서

□ s'excuser 쎅스뀌제 v. 사과하다, 용서를 구하다

□ excuses 엑스뀌즈 n.f.pl. 사과

□ accepter 악셉떼 v. 받아들이다

□ se tromper 쓰 트홍뻬 v. 잘못하다, 실수하다

□ faute 포뜨 n.f. 잘못

□ erreur 에회 n.f. 잘못, 실수

□ reprocher 흐프호쉐 v. 비난하다, 나무라다

□ reproche 흐프호슈 n.m. 비난

□ critiquer 크히띠께 v. 비판하다, 비난하다

□ désolé(e) 데졸레 a. 애석한, 유감스러운

□ rater 하떼 v. 망치다, 그르치다

□ exprès 엑스프헤 ad. 고의로, 일부러

□ réussir 헤위씨 v. 성공하다, 좋은 결과를 얻다

□ intention 앵떵씨옹 n.f. 의도

□ déranger 데항제
= interrompre 앵떼홍프(흐)
v. 방해하다

□ retard 흐따(흐)
n.m. 지각, 늦음

□ dommage 도마즈
n.m. 손해, 유감스러운 일

□ chance 샹쓰
n.f. 운, 기회

□ malheureux 말뢰흐, malheureuse 말뢰흐즈
a. 불행한; 유감스러운

□ opportunité 오뽀흐뛰니떼
n.f. 기회

□ difficile 디피씰
a. 어려운

□ répéter 헤뻬떼
v. 반복하다

□ repenser 흐뻥쎄
v. 다시 생각하다

□ avis 아비
n.m. 의견, 견해

□ idée 이데
n.f. 생각, 견해

□ revenir 흐브니
v. 다시 오다, 돌아오다

□ merci 메흐씨 n.m. 감사

Merci beaucoup.
메흐씨 보꾸
정말 감사합니다.

□ remercier 흐메흐씨에 v. 감사하다

□ beaucoup 보꾸 ad. 많이

□ mille fois 밀 푸아 수없이, 정말로

□ dette 뎃뜨 n.f. 빚, 신세

Je n'oublierai jamais ma dette envers vous.
즈 누블리헤 자메 마 뎃뜨 엉베 부
당신께 신세를 진 것을 평생 잊지 않겠습니다.

□ envers 엉베 prép. ~에 대한

□ générosité 제네호지떼 n.f. 관대함, 인심

□ considération 꽁씨데하씨옹 n.f. 배려, 고려

□ gentillesse 정띠이에쓰 n.f. 친절, 호의

Je vous remercie de votre gentillesse.
즈 부 흐메흐씨 드 보트(흐) 정띠이에쓰
당신의 친절에 감사드립니다.

□ grâce 그하쓰 n.f. 은혜, 호의

□ grâce à 그하쓰 아 ~덕분에

□ bienveillance 비엉베이앙쓰 n.f. 친절, 온정

□ bienveillant(e) 비엉베이앙(뜨) a. 친절한, 너그러운

Je vous remercie de votre bienveillante attention.
즈 부 흐메흐씨 드 보트(흐) 비엉베이앙뜨 아떵씨옹
당신의 친절한 관심에 감사드립니다.

□ généreux 제네흐, généreuse 제네흐즈 a. 자비로운, 너그러운

□ favorable 파보하블르 a. 호의적인, 이로운

Je vous remercie pour votre réponse favorable.
즈 부 흐메흐씨 뿌흐 보트(흐) 헤뽕쓰 파보하블르
당신의 긍정적인 답변에 감사드립니다.

□ compréhension 꽁프헤엉씨옹 n.f. 이해심, 너그러움

□ aide 에드 n.f. 도움, 지원

Merci de m'avoir aidé.
메흐씨 드 마부아 에데
도와주셔서 감사합니다.

□ aider 에데 v. 돕다

□ accorder 아꼬흐데 v. 일치시키다, 맞추다

□ attendre 아떵드(흐) v. 기다리다

□ penser 뻥쎄 v. 생각하다

Merci d'avoir pensé à moi.
메흐씨 다부아 뻥쎄 아 무아
신경 써 주셔서 고마워요.

□ prier 프히에 v. 간청하다; 기도하다

Je vous en prie.
즈 부 정 프히
천만에요.

□ important(e) 앵뽀흐땅(뜨) a. 중요한

□ grave 그하브 a. 중대한, 심각한

□ demander 드망데 v. 요구하다, 요청하다

□ conseiller 꽁쎄이에 v. 충고하다

□ conseil 꽁쎄이 n.m. 충고

□ encourager 엉꾸하제 v. 격려하다

□ encouragement 엉꾸하즈멍 n.m. 격려

Merci à tous pour vos messages d'encouragement.
메흐씨 아 뚜쓰 뿌흐 보 메싸즈 덩꾸하즈멍
격려의 메시지를 보내 주신 모든 분들께 감사드립니다.

□ compliment 꽁쁠리멍 n.m. 칭찬, 축사

□ flatter 플라떼 v. 기분 좋게 하다, 추켜세우다

Vous me flattez.
부 므 플라떼
과찬이십니다.

□ comprendre 꽁프헝드(흐) v. 이해하다, 알다

□ guider 기데 v. 안내하다, 인도하다

□ chance 샹쓰 n.f. 운, 기회

Donnez-lui encore une chance.
도네뤼 엉꼬(흐) 윈 샹쓰
그에게 다시 한 번 기회를 주세요.

□ excuser 엑스뀌제 v. 용서하다

□ s'excuser 쎅스뀌제 v. 사과하다, 용서를 구하다

C'est moi qui dois m'excuser.
쎄 무아 끼 두아 멕스뀌제
저야말로 사과드려야죠.

□ excuses 엑스뀌즈 n.f.pl. 사과

□ accepter 악쎕떼 v. 받아들이다

□ pardonner 빠흐도네 v. 용서하다

□ pardon 빠흐동 n.m. 용서

□ se tromper 쓰 트홍뻬 v. 잘못하다, 실수하다

Je me suis trompé(e).
즈 므 쒸 트홍뻬
제가 실수했어요.

□ faute 포뜨 n.f. 잘못

□ erreur 에회 n.f. 잘못, 실수

□ reprocher 흐프호쉐 v. 비난하다, 나무라다

□ reproche 흐프호슈 n.m. 비난

Ne lui faites pas trop de reproches.
느 뤼 페뜨 빠 트호 드 흐프호슈
그를 너무 비난하지 마세요.

□ critiquer 크히띠께 v. 비판하다, 비난하다

□ désolé(e) 데졸레 a. 애석한, 유감스러운

Je suis désolé(e) de vous déranger.
즈 쒸 데졸레 드 부 데항제
방해해서 죄송합니다.

□ rater 하떼 v. 망치다, 그르치다

□ réussir 헤위씨 v. 성공하다, 좋은 결과를 얻다

□ exprès 엑스프헤 ad. 고의로, 일부러

□ intention 앵떵씨옹 n.f. 의도

Ce n'était pas mon intention.
쓰 네떼 빠 몽 냉떵씨옹
의도한 건 아니었어요.

□ déranger 데항제 v. 방해하다, 가로막다
= interrompre 앵떼홍프(흐)

□ retard 흐따(흐) n.m. 지각, 늦음

□ dommage 도마즈 n.m. 손해, 유감스러운 일

C'est dommage.
쎄 도마즈
참 안됐군요.

□ malheureux 말뢰흐, malheureuse 말뢰흐즈 a. 불행한; 유감스러운

□ meilleur(e) 메이외(흐) a. 더 나은, 더 좋은

□ opportunité 오뽀흐뛰니떼 n.f. 기회

Il y aura une meilleure opportunité.
일 리 오하 윈 메이외(흐) 오뽀흐뛰니떼
더 좋은 기회가 있을 거예요.

□ difficile 디피씰 a. 어려운

□ avis 아비 n.m. 의견, 견해
= opinion 오삐니옹 n.f.

Je ne suis pas de votre avis.
즈 느 쒸 빠 드 보트(흐) 아비
저는 의견이 좀 다릅니다.

□ idée 이데 n.f. 생각, 견해

□ repenser 흐뻥쎄 v. 다시 생각하다

□ répeter 헤뻬떼 v. 반복하다

Pouvez-vous répéter encore une fois ?
뿌베부 헤뻬떼 엉꼬(흐) 윈 푸아?
한 번 더 말씀해 주시겠어요?

□ revenir 흐브니 v. 다시 오다, 돌아오다

Veuillez m'excuser, je reviens dans un instant.
뵈이에 멕스뀌제, 즈 흐비엉 당 정 냉스땅
잠시 실례하겠습니다, 곧 돌아올게요.

02. 감사 인사

꼭! 써먹는 **실전 회화**

M. Dubois Merci de m'avoir accordé du temps aujourd'hui.
메흐씨 드 마부아 아꼬흐데 뒤 떵 오주흐뒤
오늘 시간 내 주셔서 감사합니다.

M. Butor Je vous en prie.
즈 부 정 프히
천만에요.

M. Dubois Excusez-moi, je pars en premier car j'ai un rendez-vous.
엑스뀌제무아, 즈 빠흐 엉 프흐미에 꺄흐 줴 엉 헝데부
실례지만 약속이 있어서 먼저 가 볼게요.

M. Butor Ce n'est pas grave.
Bonne journée.
쓰 네 빠 그하브. 본 주흐네
괜찮습니다. 좋은 하루 되세요.

Exercice

다음 단어를 읽고 맞는 뜻과 연결하세요.

1. adresse •	• 국적
2. âge •	• 나이
3. ami(e) •	• 남자
4. femme •	• 지각, 늦음
5. filière •	• 손님
6. homme •	• 언어, 말
7. invité(e) •	• 여자
8. langue •	• 이름
9. nationalité •	• 전공
10. prénom •	• 주소
11. profession •	• 직업
12. retard •	• 친구

1. adresse – 주소 2. âge – 나이 3. ami(e) – 친구 4. femme – 여자 5. filière – 전공
6. homme – 남자 7. invité(e) – 손님 8. langue – 언어, 말 9. nationalité – 국적
10. prénom – 이름 11. profession – 직업 12. retard – 지각, 늦음

Chapitre 02

Unité 03.

신체 Le corps 르 꼬흐

□ corps 꼬흐
n.m. 신체

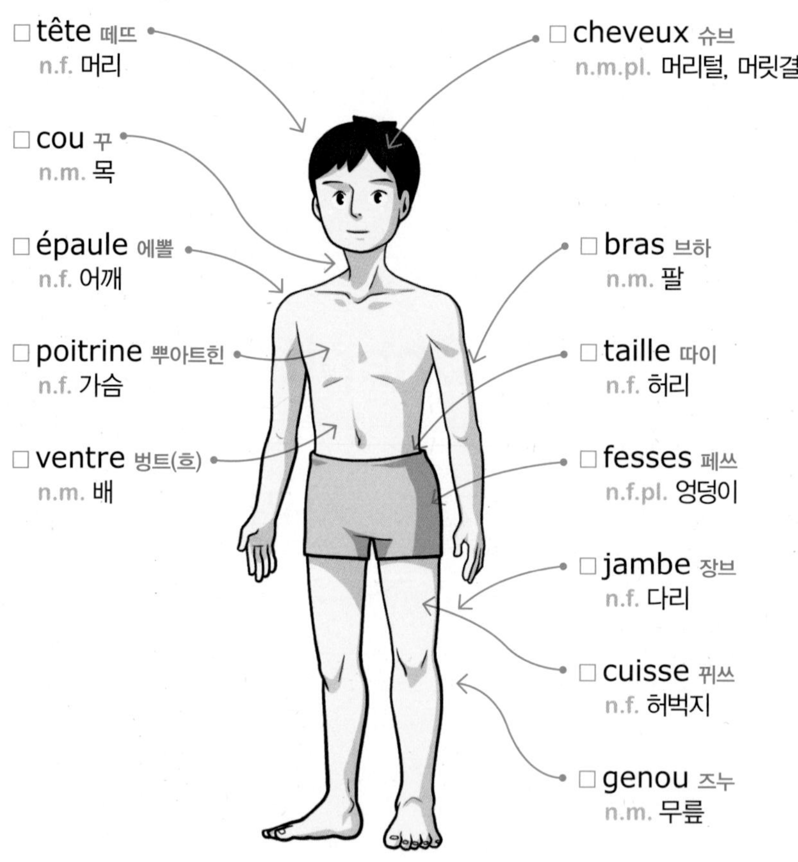

□ main 맹
n.f. 손

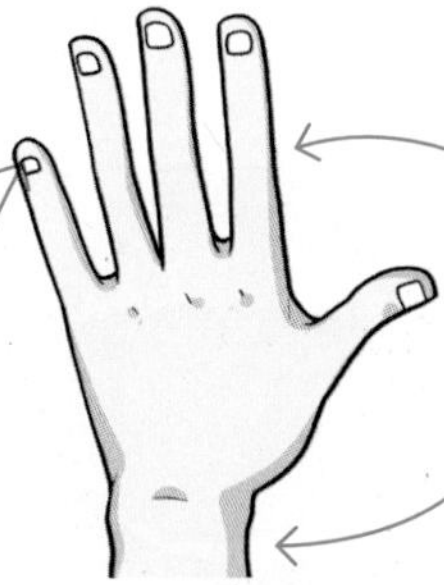

□ doigt 두아
n.m. 손가락

□ poignet 뿌아녜
n.m. 손목

□ ongle 옹글
n.m. 손톱, 발톱

□ pied 삐에
n.m. 발

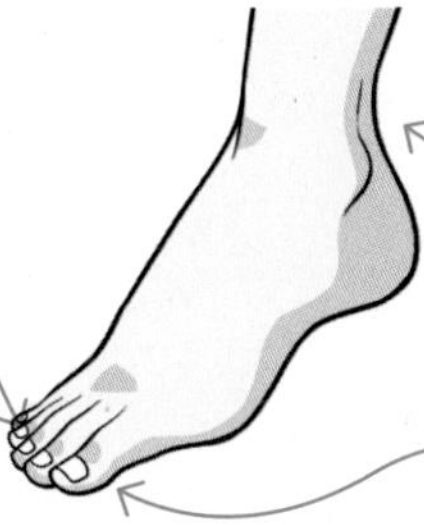

□ cheville 슈비이
n.f. 발목

□ orteil 오흐떼이
n.m. 발가락

□ visage 비자즈
n.m. 얼굴

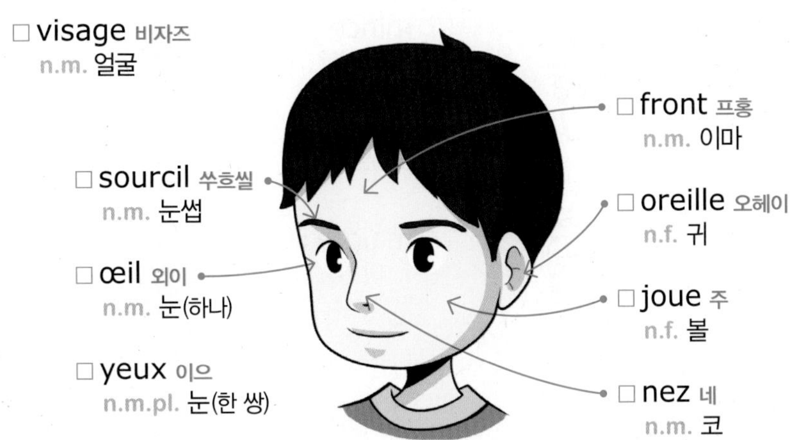

□ front 프홍
n.m. 이마

□ sourcil 쑤흐씰
n.m. 눈썹

□ oreille 오헤이
n.f. 귀

□ œil 외이
n.m. 눈(하나)

□ joue 주
n.f. 볼

□ yeux 이으
n.m.pl. 눈(한 쌍)

□ nez 네
n.m. 코

□ bouche 부슈
n.f. 입

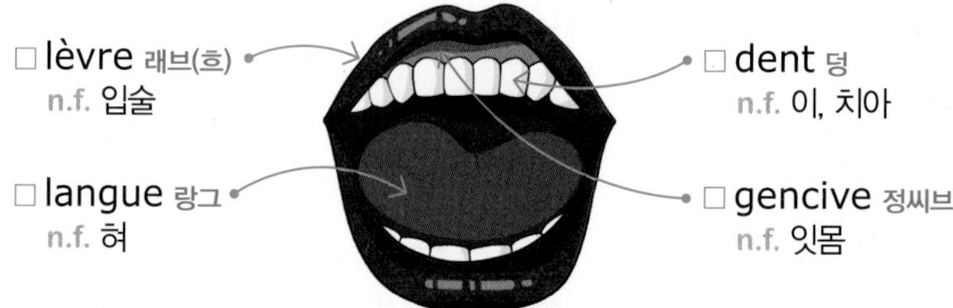

□ lèvre 래브(흐)
n.f. 입술

□ dent 덩
n.f. 이, 치아

□ langue 랑그
n.f. 혀

□ gencive 정씨브
n.f. 잇몸

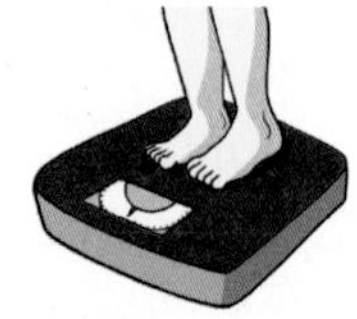

□ poids 뿌아
n.m. 몸무게, 체중

□ gros 그호,
grosse 그호쓰
a. 뚱뚱한

□ mince 맹쓰
a. 날씬한

□ obèse 오배즈
a. 비만의

□ maigre 메그(흐)
a. 마른

□ fesses 페쓰 n.f.pl. 엉덩이

□ cuisse 뀌쓰 n.f. 허벅지

□ jambe 장브 n.f. 다리

Ma petite sœur a les jambes longues et fines.
마 쁘띠뜨 쐬흐 아 레 장브 롱그 에 핀
제 여동생의 다리는 길고 가늘어요.

□ genou 즈누 n.m. 무릎

□ cheville 슈비이 n.f. 발목

□ pied 삐에 n.m. 발

J'ai les pieds plats.
줴 레 삐에 쁠라
저는 평발이에요.

□ orteil 오흐떼이 n.m. 발가락

□ visage 비자즈 n.m. 얼굴
- □ visage ovale 비자즈 오발 계란형 얼굴
- □ visage carré 비자즈 까헤 사각턱 얼굴
- □ visage rond 비자즈 홍 동그란 얼굴
- □ visage gonflé 비자즈 공플레 부은 얼굴

J'ai le visage gonflé au réveil.
줴 르 비자즈 공플레 오 헤베이
자고 일어나면 얼굴이 부어 있어요.

□ sourcil 쑤흐씰 n.m. 눈썹

□ cil 씰 n.m. 속눈썹

□ paupière 뽀삐애(흐) n.f. 눈꺼풀

□ œil 외이 n.m. 눈(하나)

□ yeux 이으 n.m.pl. 눈(한 쌍)

Elle a les yeux marrons foncés.
엘 라 레 지으 마홍 퐁쎄
그녀의 눈은 짙은 갈색이에요.

tip. œil의 복수형은 œils가 아니라 yeux입니다.
단, 드물게 œil가 포함된 복합명사는 복수형으로 쓸 때 œils로 쓰기도 합니다.
예를 들어, œil-de-chat 외이드샤(묘안석)는 복수형일 때 œils-de-chat 외이드샤라고 씁니다.

□ nez 네 n.m. 코

□ respirer 헤스삐헤 v. 숨쉬다, 호흡하다

□ bouche 부슈 n.f. 입

Il dort la bouche ouverte.
일 도흐 라 부슈 우베흐뜨
그는 입을 벌리고 자요.

□ lèvre 래브(흐) n.f. 입술

□ langue 랑그 n.f. 혀

□ dent 덩 n.f. 이, 치아

□ gencive 정씨브 n.f. 잇몸

On voit ma gencive quand je souris.
옹 부아 마 정씨브 깡 즈 쑤히
전 웃을 때 잇몸이 보여요.

□ front 프홍 n.m. 이마

□ oreille 오헤이 n.f. 귀

□ joue 주 n.f. 볼

□ menton 멍똥 n.m. 턱

□ poids 뿌아 n.m. 몸무게, 체중

J'ai commencé à courir pour perdre du poids.
줴 꼬멍쎄 아 꾸히 뿌흐 뻬흐드(흐) 뒤 뿌아
저는 체중을 줄이기 위해 달리기를 시작했어요.

□ gros 그호, grosse 그호쓰 a. 뚱뚱한

□ obèse 오배즈 a. 비만의

□ mince 맹쓰 a. 날씬한

□ maigre 메그(흐) a. 마른

Il est maigre pour sa taille.
일 레 메그(흐) 뿌흐 싸 따이
그는 자기 키에 비해 말랐어요.

□ droitier 드후아띠에, droitière 드후아띠애(흐) a. 오른손잡이의 n. 오른손잡이

□ gaucher 고쉐, gauchère 고쉐(흐) a. 왼손잡이의 n. 왼손잡이

□ peau 뽀 n.f. 피부

□ peau grasse 뽀 그하쓰 지성 피부
□ peau sensible 뽀 썽씨블르 민감성 피부

J'ai la peau sensible.
줴 라 뽀 썽씨블르
제 피부는 민감해요.

Ma peau est très sèche.
마 뽀 에 트해 쌔슈
제 피부는 너무 건조해요.

□ teint 땡 n.m. 얼굴빛, 안색

Votre teint semble un peu pâle.
보트(흐) 땡 썽블르 엉 쁘 빨
안색이 좀 창백해 보이네요.

□ ride 히드 n.f. 주름

□ fossette 포쎗뜨 n.f. 보조개

□ bouton 부똥 n.m. 여드름

□ pore 뽀흐 n.m. 모공

□ cheveux 슈브 n.m.pl. 머리털, 머릿결

□ cheveux frisés 슈브 프히제 곱슬머리

□ cheveux bouclés 슈브 부끌레 웨이브 머리

□ cheveux naturellement raides 슈브 나뛰헬멍 헤드 생머리

□ cheveux au carré 슈브 오 꺄헤 단발머리

□ cheveux longs 슈브 롱 긴 머리

□ cheveux courts 슈브 꾸흐 짧은 머리

Pauline a les cheveux frisés.
뽈린 아 레 슈브 프히제
폴린은 곱슬머리예요.

□ chauve 쇼브 a. 대머리의 n. 대머리

□ couper 꾸뻬 v. 자르다

J'ai coupé mes cheveux au carré.
줴 꾸뻬 메 슈브 오 꺄헤
저는 머리를 단발로 잘랐어요.

□ moustache 무스따슈 n.f. 콧수염

□ raser 하제 v. 면도하다

□ apparence 아빠헝쓰 n.f. 외모, 겉모습

□ beau 보, (제2남성형) bel 벨, belle 벨 a. 잘생긴, 아름다운

tip. 제2남성형 bel은 모음이나 무음 h로 시작하는 남성 단수 명사 앞에 씁니다.

□ mignon 미뇽, mignonne 미뇬 a. 귀여운

□ laid(e) 레(드) a. 못생긴, 추한

□ moche 모슈 a. 못생긴(구어), 보기 흉한

□ taille 따이 n.f. 키; 허리

□ mesurer 므쥐헤 v. 재다, 측정하다

□ grand(e) 그항(드) a. 큰

□ petit(e) 쁘띠(뜨) a. 작은

03. 외모

꼭! 써먹는 **실전 회화**

Julie Léa ressemble beaucoup à sa mère.
레아 흐썽블르 보꾸 아 싸 매(흐)
레아는 어머니를 많이 닮았어.

Xavier Oui, elle a les yeux bleus et les cheveux blonds comme elle.
위, 엘 라 레 지으 블르 에 레 슈브 블롱 꼼 엘
그래, 걘 자기 어머니처럼 파란 눈에 금발이잖아.

Julie Mais elle s'est colorée les cheveux en noir il y a quelques jours.
메 엘 쎄 꼴로헤 레 슈브 엉 누아 일 리 아 껠끄 주흐
하지만 며칠 전에 머리를 검은색으로 염색했더라고.

Xavier C'est vrai ? Je ne l'ai pas vu depuis la semaine dernière.
쎄 브헤? 즈 느 레 빠 뷔 드쀠 라 쓰멘 데흐니애(흐)
정말? 난 그애를 지난주 이후로 보지 못했어.

감정 & 성격 Le sentiment et le caractère 르 썽띠멍 에 르 꺄학때(흐)

□ plaisant(e) 쁠레장(뜨)
a. 기분 좋은, 재미있는

□ plaisir 쁠레지 n.m. 기쁨, 쾌락

□ se réjouir 쓰 헤주이 v. 기뻐하다

□ heureux 외흐, heureuse 외흐즈
a. 행복한

□ bonheur 보뇌
n.m. 행복, 행운

□ satisfait(e) 싸띠스페(뜨) a. 만족한

□ suffisant(e) 쒸피장(뜨) a. 충분한

□ ravi(e) 하비
a. 몹시 기쁜

□ amusant(e) 아뮈장(뜨)
a. 재미있는

□ rassurant(e) 하쒸항(뜨)
a. 안심이 되는

□ intéressant(e) 앵떼헤쌍(뜨)
a. 흥미로운

□ joie 주아
n.f. 환희

□ triste 트히스뜨
a. 슬픈

□ déçu(e) 데쒸
a. 실망한

□ navré(e) 나브헤
a. 가슴 아픈

□ inquiet 앵끼에,
inquiète 앵끼애뜨
a. 불안한, 걱정스러운

□ horrible 오히블르 a. 끔찍한

□ peiné(e) 뻬네 a. 괴로운

□ affligé(e) 아플리제 a. 괴로워하는

□ fâché(e) 파쉐
a. 화난

□ nerveux 네흐브,
nerveuse 네흐브즈
a. 신경질이 나는

□ anxieux 앙씨으,
anxieuse 앙씨으즈
a. 초조한, 근심한

□ chagrin 샤그행 n.m. 비애

□ bon 봉, bonne 본
a. 착한, 좋은

□ gentil 정띠, gentille 정띠이
a. 친절한

□ sage 싸즈
a. 현명한; 얌전한

□ actif 악띠프, active 악띠브
a. 적극적인

□ spontané(e) 스뽕따네
a. 자발적인

□ discret 디스크헤,
discrète 디스크해뜨
a. 신중한

□ honnête 오네뜨
a. 정직한

□ assidu(e) 아씨뒤
a. 근면한

□ sociable 쏘씨아블르
a. 붙임성 있는

□ extraverti(e) 엑스트하베흐띠
a. 외향적인

□ optimiste 옵띠미스뜨 a. 낙천적인

□ positif 뽀지띠프, positive 뽀지띠브
a. 긍정적인

□ timide 띠미드
a. 소심한

□ honteux 옹뜨, honteuse 옹뜨즈
a. 부끄러워하는, 수줍은

□ mauvais(e) 모베(즈)
a. 못된

□ rude 휘드
a. 거친

□ paresseux 빠헤쓰, paresseuse 빠헤쓰즈
a. 게으른, 나태한

□ introverti(e) 앵트호베흐띠
a. 내성적인

□ silencieux 씰렁씨으, silencieuse 씰렁씨으즈
a. 과묵한

□ arrogant(e) 아호강(뜨)
a. 거만한

□ pessimiste 뻬씨미스뜨
a. 비관적인

□ négatif 네가띠프, négative 네가띠브
a. 부정적인

□ avide 아비드 a. 탐욕스러운

□ égoïste 에고이스뜨 a. 이기적인

□ plaisant(e) 쁠레장(뜨) a. 기분 좋은, 재미있는

□ heureux 외흐, heureuse 외흐즈 a. 행복한

Je suis heureux (heureuse) avec toi.
즈 쒸 죄흐(죄흐즈) 아베끄 뚜아
너와 함께여서 행복해.

□ bonheur 보뇌 n.m. 행복, 행운

□ satisfait(e) 싸띠스페(뜨) a. 만족한

Je suis satisfait(e) de mon travail.
즈 쒸 싸띠스페(뜨) 드 몽 트하바이
저는 제 일에 만족해요.

□ suffisant(e) 쒸피장(뜨) a. 충분한

Cinq euros suffisent à soigner un enfant.
쌩끄 으호 쒸피즈 아 쑤아녜 어 넝팡
한 아이를 치료하는 데 5유로면 충분해요.

□ ravi(e) 하비 a. 몹시 기쁜

□ amusant(e) 아뮈장(뜨) a. 재미있는

C'est une histoire amusante.
쎄 뛴 이스뚜아(흐) 아뮈장뜨
재미있는 이야기네요.

□ rassurant(e) 하쒸항(뜨) a. 안심이 되는

□ intéressant(e) 앵떼헤쌍(뜨) a. 흥미로운

□ confortable 꽁포흐따블르 a. 안락한, 편한

□ content(e) 꽁떵(뜨) a. 만족스러워하는, 기뻐하는

Nicolas est très content de sa chambre.
니꼴라 에 트헤 꽁떵 드 싸 샹브(흐)
니콜라는 자기 방에 매우 만족했다.

□ plaisir 쁠레지 n.m. 기쁨, 쾌락

□ joie 주아 n.f. 기쁨, 환희

□ se contenter 쓰 꽁떵떼 v. 만족해하다

Je peux me contenter de deux repas dans la journée.
즈 쁘 므 꽁떵떼 드 드 흐빠 당 라 주흐네
전 하루 두 끼 식사면 돼요.

□ désirer 데지헤 v. 원하다

□ être à l'aise 에트(흐) 아 레즈 편안하다

□ se réjouir 쓰 헤주이 v. 기뻐하다

Je me réjouis de vous revoir.
즈 므 헤주이 드 부 흐부아
당신을 다시 만나게 되어 기쁩니다.

□ chérir 쉐히 v. 소중히 여기다

□ tranquilliser 트항낄리제 v. 진정시키다

Je suis tranquillisé(e).
즈 쒸 트항낄리제
전 마음을 가라앉혔어요.

□ triste 트히스뜨 a. 슬픈

J'étais triste de quitter mes amis.
제떼 트히스뜨 드 끼떼 메 자미
친구들을 떠나는 게 슬펐어요.

□ peiné(e) 뻬네 a. 괴로운

□ peine 뻰 n.f. (마음의) 고통, 비애

□ avoir de la peine 아부아 들 라 뻰 괴로워하다, 마음 아파하다

J'ai de la peine à cause de lui.
줴 들 라 뻰 아 꼬즈 드 뤼
그 사람 때문에 너무 힘들어요.

□ déçu(e) 데쒸 a. 실망한

□ désespéré(e) 데제스뻬헤 a. 절망한

□ malheur 말뢰흐 n.m. 불행
= misère 미재(흐) n.f.

□ misérable 미제하블르 a. 불쌍한

□ navré(e) 나브헤 a. 가슴 아픈

Je suis navré(e) d'apprendre la mort de M. Tellier.
즈 쒸 나브헤 다프헝드(흐) 라 모흐 드 므씨으 뗄리에
텔리에 씨의 부고를 접하게 되어 마음이 아픕니다.

□ fâché(e) 파쉐 a. 화난

Il est fâché contre moi.
일 레 파쉐 꽁트(흐) 무아
그는 제게 화가 나 있어요.

□ nerveux 네흐브, nerveuse 네흐브즈 a. 신경질이 나는

□ affligé(e) 아플리제 a. 괴로워하는

□ horrible 오히블르 a. 끔찍한

□ inquiet 앵끼에, inquiète 앵끼애뜨 a. 불안한, 걱정스러운

Je suis inquiet (inquiète) pour toi.
즈 쒸 쟁끼에 (쟁끼에뜨) 뿌흐 뚜아
난 네가 걱정이야.

□ anxieux 앙씨으, anxieuse 앙씨으즈 a. 초조한, 근심한

□ chagrin 샤그행 n.m. 비애

□ souffrance 쑤프항쓰 n.f. 고통

Je cache ma souffrance.
즈 꺄슈 마 수프항쓰
저는 제 괴로움을 숨기고 있어요.

□ être mal à l'aise 에트흐 말 아 레즈 불편하다

□ détester 데떼스떼 v. 싫어하다

Sylvie me déteste sans raison.
씰비 므 데떼스뜨 쌍 헤종
실비는 이유 없이 저를 싫어해요.

□ haïr 아이흐 v. 미워하다, 증오하다

□ avoir peur 아부아 뾔흐 두려워하다

J'ai peur de chanter devant tout le monde.
줴 뾔흐 드 샹떼 드방 뚜 르 몽드
사람들 앞에서 노래하는 것이 두려워요.

□ se décourager 쓰 데꾸하제 v. 낙담하다, 의기소침하다

□ bon 봉, bonne 본 a. 착한, 좋은

□ gentil 정띠, gentille 정띠이 a. 친절한

Alain est toujours silencieux mais très gentil.
알랭 에 뚜주 씰렁씨으 메 트헤 정띠
알랭은 항상 과묵하지만 정말 친절해요.

□ sage 싸즈 a. 현명한; 얌전한

□ honnête 오네뜨 a. 정직한

□ assidu(e) 아씨뒤 a. 근면한

□ actif 악띠프, active 악띠브 a. 적극적인

□ sociable 쏘씨아블르 a. 붙임성 있는

J'aimerais devenir plus sociable.
줴므헤 드브니 쁠뤼 쏘씨아블르
전 좀 더 붙임성 있었으면 좋겠어요.

□ spontané(e) 스뽕따네 a. 자발적인

□ extraverti(e) 엑스트하베흐띠 a. 외향적인

□ discret 디스크헤, discrète 디스크해뜨 a. 신중한

□ optimiste 옵띠미스뜨 a. 낙천적인

□ positif 뽀지띠프, positive 뽀지띠브 a. 긍정적인

Le jogging continu aura un effet positif sur votre santé.
르 조깅 꽁띠뉘 오하 어 네페 뽀지띠프 쒸흐 보트(흐) 쌍떼
꾸준한 조깅은 당신의 건강에 긍정적인 영향을 줄 거예요.

□ timide 띠미드 a. 소심한

□ introverti(e) 앵트호베흐띠 a. 내성적인

Je suis introverti(e) et discret (discrète).
즈 쒸 쟁트호베흐띠 에 디스크헤 (디스크해뜨)
전 내성적이고 눈에 띄지 않아요.

□ honteux 옹뜨, honteuse 옹뜨즈 a. 부끄러워하는, 수줍은

□ silencieux 씰렁씨으, silencieuse 씰렁씨으즈 a. 과묵한

□ mauvais(e) 모베(즈) a. 못된

□ arrogant(e) 아호강(뜨) a. 거만한

□ rude 휘드 a. 거친

□ pessimiste 뻬씨미스뜨 a. 비관적인

□ négatif 네가띠프, négative 네가띠브 a. 부정적인

□ paresseux 빠헤쓰, paresseuse 빠헤쓰즈 a. 게으른, 나태한

□ avide 아비드 a. 탐욕스러운

□ égoïste 에고이스뜨 a. 이기적인

Une personne égoïste finit par perdre des amis.
윈 뻬흐쏜 에고이스뜨 피니 빠흐 뻬흐드(흐) 데 자미
이기적인 사람은 결국 친구를 잃어요.

04. 교통체증

Julie J'en ai marre de Paris.
저 네 마흐 드 빠히
난 파리가 지겨워.

Xavier Pourquoi ?
Tu as dit hier que Paris était une ville magnifique.
뿌흐꾸아? 뛰 아 디 이에 끄 빠히 에떼 뛴 빌 마뉘피끄
왜? 어제는 파리가 멋진 도시라고 했잖아.

Julie Oui, oui, mais ce matin, je suis arrivée en retard au travail à cause des embouteillages.
위, 위, 메 쓰 마땡, 즈 쒸 자히베 엉 흐따(흐) 오 트하바이 아 꼬즈 데 정부떼이아즈
그래 그래, 하지만 오늘 아침 교통체증 때문에 직장에 늦게 도착했거든.

Xavier Je te comprends. Ne t'énerve pas.
즈 뜨 꽁프헝. 느 떼네흐브 빠
널 이해해. 짜증내지 마.

사랑 L'amour 라무

□ rencontre 헝꽁트(흐) n.f. 만남

□ rencontrer 헝꽁트헤 v. 만나다

□ rencontre à l'aveugle
헝꽁트(흐) 아 라뵈글 소개팅

□ petit ami 쁘띠 따미
(연인 관계의) 남자 친구

□ copain 꼬뺑 n.m. 남자 친구

□ petite amie 쁘띠뜨 아미
(연인 관계의) 여자 친구

□ copine 꼬삔 n.f. 여자 친구

□ idéal 이데알, idéale 이데알,
pl. idéaux 이데오
a. 이상적인, 완벽한
n.m. 이상형

□ charme 샤흠므 n.m. 매력

□ plaire 쁠레(흐) v. 마음에 들다

□ rendez-vous 헝데부
n.m. 약속, 데이트

□ sortir avec 쏘흐띠 아베끄
~와 데이트하다

□ bonne impression
본 앵프헤씨옹 좋은 인상

□ amour 아무
n.m. 사랑

□ aimer 에메
v. 좋아하다, 사랑하다

□ embrasser 엉브하쎄
v. 키스하다, 껴안다

□ baiser 베제
n.m. 입맞춤, 키스

□ s'affectionner 싸펙씨오네
v. 애정을 느끼다

□ raffoler 하폴레
v. 열렬히 좋아하다

□ tomber amoureux 똥베 아무흐
사랑에 빠지다

□ être sous le charme
에트(흐) 쑤 르 샤흠므 반하다

□ craquer 크하께
v. 매력에 빠지다(구어), 반하다

□ câlin 꺌랭 n.m. 포옹

□ ensemble 엉썽블르
ad. 함께

□ manquer 망께
v. 그리워하다; 놓치다; 부족하다

□ jalousie 잘루지 n.f. 질투

□ jaloux 잘루, jalouse 잘루즈
a. 질투하는

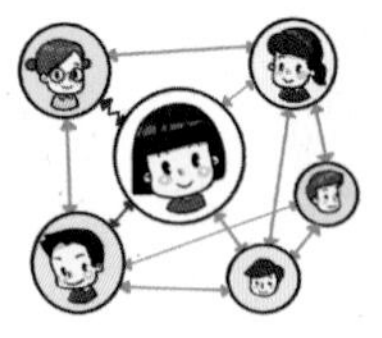

□ relation 흘라씨옹
n.f. 관계

□ mentir 멍띠
v. 거짓말하다, 속이다

□ conflit 꽁플리
n.m. 갈등

□ s'éloigner 쎌루아녜
v. 멀어지다

□ tromper 트홍뻬
v. 배신하다

□ se séparer 쓰 쎄빠헤
v. 헤어지다

□ séparation 쎄빠하씨옹
n.f. 이별

□ quitter 끼떼
v. 떠나다

□ rupture 휩뛰(흐)
n.f. 결별

□ oublier 우블리에
v. 잊다

□ se marier 쓰 마히에 v. 결혼하다

□ mariage 마히아즈 n.m. 결혼

□ demande en mariage
드망드 엉 마히아즈 청혼

□ alliance 알리앙쓰
n.f. 결혼 반지

□ époux 에뿌
n.m. 남편

□ beau-père 보빼(흐)
n.m. 장인, 시아버지

□ cérémonie de mariage
쎄헤모니 드 마히아즈 결혼식

□ vœux de mariage 브 드 마히아즈
성혼 선언문

□ faire-part (de mariage)
페흐빠흐 (드 마히아즈) n.m. 청첩장

□ robe de mariée 호브 드 마히에
웨딩드레스

□ épouse 에뿌즈
n.f. 아내

□ belle-mère 벨매(흐)
n.f. 장모, 시어머니

□ rencontre 헝꽁트(흐) n.f. 만남

□ rencontre à l'aveugle 헝꽁트(흐) 아 라뵈글 소개팅

□ rencontre sérieuse 헝꽁트(흐) 쎄히으즈 진지한 만남

□ rencontre légère 헝꽁트(흐) 레재(흐) 가벼운 만남

J'ai rencontré mon épouse sur un site de rencontres à l'aveugle.
줴 헝꽁트헤 몽 네뿌즈 쒸흐 엉 씨뜨 드 헝꽁트(흐) 아 라뵈글
저는 제 아내를 인터넷 소개팅 사이트에서 만났어요.

□ rencontrer 헝꽁트헤 v. 만나다

J'ai rencontré une fille qui me plaît.
줴 헝꽁트헤 윈 피이 끼 므 쁠레
제 맘에 드는 여자애를 만났어요.

□ petit ami 쁘띠 따미 (연인 관계의) 남자 친구

□ petite amie 쁘띠뜨 아미 (연인 관계의) 여자 친구

□ copain 꼬뺑 n.m. 남자 친구

Mon copain est ennuyeux.
몽 꼬뺑 에 떵뉘으
내 남자 친구가 귀찮아요.

□ copine 꼬삔 n.f. 여자 친구

□ idéal 이데알, idéale 이데알, pl. idéaux 이데오 a. 이상적인, 완벽한 n.m. 이상형

Tu es mon idéal.
뛰 에 모 니데알
너는 내 이상형이야.

□ charme 샤흠므 n.m. 매력

Je suis tombé sous ton charme.
즈 쒸 똥베 쑤 똥 샤흠므
난 네 매력에 빠졌어.

□ charmant(e) 샤흐망(뜨) a. 매력적인

□ séduire 쎄뒤(흐) v. 유혹하다, 마음을 사로잡다

□ rendez-vous 헝데부 n.m. 약속, 데이트

□ sortir avec 쏘흐띠 아베끄 ~와 데이트하다

Je veux sortir avec lui.
즈 브 쏘흐띠 아베끄 뤼
그와 데이트하고 싶어요.

□ plaire 쁠레(흐) v. 마음에 들다

□ bonne impression 본 앵프헤씨옹 좋은 인상

□ embrasser 엉브하쎄 v. 키스하다; 껴안다

□ baiser 베제 n.m. 입맞춤, 키스

Il m'a donné un baiser sur la joue.
일 마 도네 엉 베제 쒸흐 라 주
그가 제 뺨에 키스를 했어요.

□ câlin 꺌랭 n.m. 포옹

□ aimer 에메 v. 좋아하다, 사랑하다

Puisque tu m'aimes, ma vie est complète.
쀠스끄 뛰 멤, 마 비 에 꽁쁠래뜨
네가 날 사랑하기 때문에 내 인생은 완전해.

□ amour 아무 n.m. 사랑

□ avouer 아부에 v. 고백하다

□ tomber amoureux 똥베 아무흐 사랑에 빠지다

Est-il possible de tomber amoureux au premier regard ?
에띨 뽀씨블르 드 똥베 아무흐 오 프흐미에 흐갸?
첫눈에 반하는 사랑이라는 게 가능한 건가요?

□ être sous le charme 에트(흐) 쑤 르 샤흠므 반하다

□ craquer 크하께 v. 매력에 빠지다(구어), 반하다

Il craque pour elle.
일 크하끄 뿌흐 엘
그는 그녀에게 반했어요.

□ s'affectionner 싸펙씨오네 v. 애정을 느끼다

□ raffoler 하폴레 v. 열렬히 좋아하다

□ ensemble 엉썽블르 ad. 함께

Il veut qu'on reste ensemble quoi qu'il arrive.
일 브 꽁 헤스뜨 엉썽블르 꾸아 낄 아히브
어떤 문제가 있어도 그는 우리가 함께이길 바라고 있어요.

□ manquer 망께 v. 그리워하다; 놓치다; 부족하다

Fanny lui manque.
파니 뤼 망끄
그는 파니를 보고 싶어해요.

tip. manquer는 '그리워하다'라는 뜻으로 알고 있지만, 더 정확히 말하자면 '(주어에 해당하는) 인물이나 사물의 부재로 공백이나 결핍을 만들다'는 뜻입니다. 다시 말해 'Fanny lui manque.'를 직역하면 '파니가 그에게 결핍을 느끼게 한다.'라고 할 수 있습니다. 결국 '그가 파니를 보고 싶어 한다.'는 뜻이지요.

□ jalousie 잘루지 n.f. 질투

□ jaloux 잘루, jalouse 잘루즈 a. 질투하는

Je suis jaloux (jalouse) de son ex.
즈 쒸 잘루 (잘루즈) 드 쏘 넥쓰
그 사람의 옛 애인이 질투 나요.

□ relation 흘라씨옹 n.f. 관계

□ célibataire 쎌리바떼(흐) n. 독신자

□ relation à distance 흘라씨옹 아 디스땅쓰 장거리 연애

□ fidèle 피델 a. 충실한; 변함없는

Est-il possible de rester fidèle à la même personne toute sa vie ?
에띨 뽀씨블르 드 헤스떼 피델 알 라 멤 뻬흐쏜 뚜뜨 싸 비?
평생 한 사람과 충실한 관계를 유지하는 것이 가능할까요?

□ infidèle 앵피델 a. 충실하지 못한, 부정한

□ s'éloigner 쎌루아녜 v. 멀어지다

□ tromper 트홍뻬 v. 배신하다

J'ai trompé mon copain.
줴 트홍뻬 몽 꼬뺑
저는 제 남자 친구를 배신했어요.

□ mentir 멍띠 v. 거짓말하다, 속이다

□ conflit 꽁플리 n.m. 갈등

□ se séparer 쓰 쎄빠헤 v. 헤어지다

On s'aime mais on se sépare.
옹 쎔 메 옹 쓰 쎄빠(흐)
우린 사랑하지만 헤어졌어요.

□ séparation 쎄빠하씨옹 n.f. 이별

□ quitter 끼떼 v. 떠나다

□ rupture 휩뛰(흐) n.f. 결별

Il n'accepte pas la rupture.
일 낙쎕뜨 빠 라 휩뛰(흐)
그는 이별을 받아들이지 않아요.

□ oublier 우블리에 v. 잊다

□ se marier 쓰 마히에 v. 결혼하다

Veux-tu te marier avec moi ?
브뛰 뜨 마히에 아베끄 무아?
나와 결혼해 줄래?

□ mariage 마히아즈 n.m. 결혼

□ demande en mariage 드망드 엉 마히아즈 청혼
□ mariage arrangé 마히아즈 아항제 중매 결혼
□ mariage blanc 마히아즈 블랑 위장 결혼

Combien de temps avant le mariage avez-vous commencé les préparatifs ?
꽁비엉 드 떵 아방 르 마히아즈 아베부 꼬멍쎄 레 프헤빠하띠프?
결혼 얼마 전부터 준비를 시작하셨나요?

□ cérémonie de mariage 쎄헤모니 드 마히아즈 결혼식

□ faire-part (de mariage) 페흐빠흐 (드 마히아즈) n.m. 청첩장

□ alliance 알리앙쓰 n.f. 결혼 반지

= anneau d'alliance 아노 달리앙쓰

□ robe de mariée 호브 드 마히에 웨딩드레스

Je ne rentre pas dans ma robe de mariée !
즈 느 헝트(흐) 빠 땅 마 호브 드 마히에!
웨딩드레스가 안 맞아요!

□ vœux de mariage 브 드 마히아즈 성혼 선언문

□ couple 꾸쁠 n.f. 부부, 한 쌍

= époux 에뿌 n.pl.
= conjoints 꽁주앙 n.pl.

Être en couple, ce n'est pas tous les jours facile.
에트(흐) 엉 꾸쁠, 쓰 네 빠 뚜 레 주흐 파씰
부부로 산다는 것이 날마다 쉬운 것은 아니에요.

□ époux 에뿌 n.m. 남편

□ épouse 에뿌즈 n.f. 아내

□ beau-père 보빼(흐) n.m. 장인, 시아버지

□ belle-mère 벨매(흐) n.f. 장모, 시어머니

Cécile a de bonnes relations avec sa belle-mère.
쎄씰 아 드 본 흘라씨옹 아베끄 싸 벨매(흐)
세실은 그녀의 시어머니와 관계가 좋아요.

□ beaux-parents 보빠헝
n.m.pl. 장인장모, 시부모

05. 데이트

꼭! 써먹는 **실전 회화**

Éric J'ai rencontré Vanessa hier soir.
Elle me plaît, mais je ne sais pas quoi faire pour elle.
줴 헝꽁트헤 바네싸 이에 쑤아. 엘 므 쁠레, 메 즈 느 쎄 빠 꾸아 페흐 뿌흐 엘
어제저녁에 바네사를 만났어.
그 애가 난 마음에 드는데, 난 그 애에게 뭘 해야 할지 모르겠어.

Xavier Tu lui as proposé un rendez-vous pour ce week-end ?
뛰 뤼 아 프로뽀제 엉 헝데부 뿌흐 쓰 위껜드?
이번 주말에 그 애에게 데이트하자고 했어?

Éric Non, pas encore. Je veux sortir avec elle.
농, 빠 정꼬(흐). 즈 브 쏘흐띠 아베끄 엘
아니, 아직. 하지만 그 애와 데이트하고 싶어.

Xavier Alors, emmène-la dans un endroit spécial et avoue lui tes sentiments.
알로, 엉맨라 당 정 넝드후아 스뻬씨알 에 아부 뤼 떼 썽띠멍
그러면 그녀를 특별한 장소에 데려가 봐. 그리고 네 감정을 고백해.

Unité 06.

가족 La famille 라 파미이

□ famille 파미이 n.f. 가족, 친족

□ familial(e) 파밀리알, pl. familiaux 파밀리오
a. 가정의, 가족의

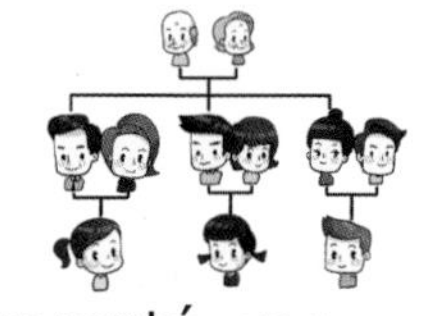

□ parenté 빠헝떼
n.f. 친척 관계, 일가 친척

□ grands-parents 그항빠헝
n.pl. 조부모

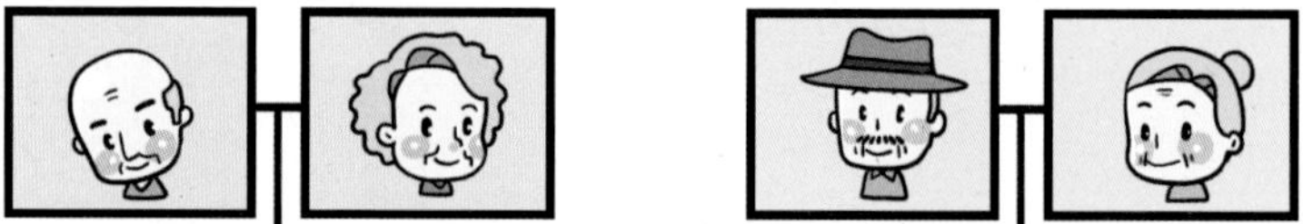

□ grand-père
그항빠(흐)
n.m. 할아버지

□ grand-mère
그항매(흐)
n.f. 할머니

□ parents 빠헝
n.pl. 부모

□ père 빠(흐) n.m. 아버지
□ papa 빠빠 n.m. 아빠

□ mère 매(흐) n.f. 어머니
□ maman 마망 n.f. 엄마

□ enfant 엉팡
n. 어린이, 아이, 자식

□ fils 피쓰 n.m. 아들

□ frère 프해(흐) n.m. 남자 형제

□ fille 피이 n.f. 딸

□ sœur 쐬흐 n.f. 여자 형제

□ mari 마히 n.m. 남편

□ femme 팜 n.f. 아내

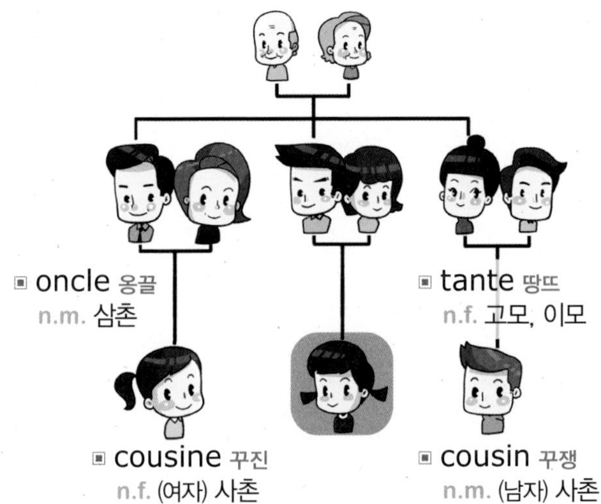

▣ oncle 옹끌 n.m. 삼촌

▣ tante 땅뜨 n.f. 고모, 이모

▣ cousine 꾸진 n.f. (여자) 사촌

▣ cousin 꾸쟁 n.m. (남자) 사촌

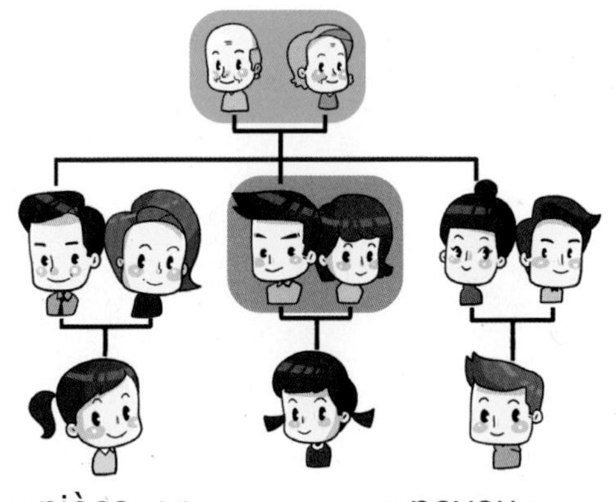

▣ nièce 니애쓰 n.f. (여자) 조카

▣ neveu 느브 n.m. (남자) 조카

▣ petite-fille 쁘띠뜨피이 n.f. 손녀

▣ petits-enfants 쁘띠정팡 n.pl. 손자(녀)

▣ petit-fils 쁘띠피쓰 n.m. 손자

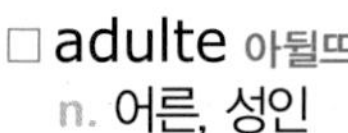

□ adulte 아뒬뜨
n. 어른, 성인

□ jeune 죈
a. 젊은, 어린 n. 젊은이

□ vieux 비으,
(제2남성형) vieil 비에이,
vieille 비에이
a. 나이 든, 오래된

□ bébé 베베
n. 아기

□ grossesse 그호쎄쓰
n.f. 임신

□ naître 네트(흐)
v. 태어나다

□ être enceinte 에트(흐) 엉쌩뜨
임신하다

□ naissance 네쌍쓰
n.f. 탄생

□ accouchement 아꾸슈멍
n.m. 출산

□ allaiter 알레떼
v. 수유하다

□ biberon 비브홍
n.m. 젖병

□ lait en poudre
레 엉 뿌드(흐) 분유

□ couche 꾸슈
n.f. 기저귀

□ élever 엘르베 v. 기르다, 양육하다

□ s'occuper 쏘뀌뻬 v. 돌보다

□ nourrice 누히쓰 n.f. 유모, 보모

□ ressembler 흐썽블레
v. 닮다, 비슷하다

□ vivre ensemble
비브(흐) 엉썽블르 함께 살다

□ devenir indépendant(e)
드브니 앵데뻥당(뜨) 독립하다

□ désaccord 데자꼬(흐)
n.m. 불화

□ poussette 뿌쎗뜨
n.f. 유모차

□ berceau 베흐쏘
n.m. 아기 침대, 요람

□ harmonieux 아흐모니으,
harmonieuse 아흐모니으즈
a. 사이좋은, 단란한

□ divorce 디보흐쓰 n.m. 이혼

□ divorcer 디보흐쎄 v. 이혼하다

□ famille 파미이 n.f. 가족, 친족

Ma famille a déménagé en Bourgogne.
마 파미이 아 데메나제 엉 부흐고뉴
우리 가족은 부르고뉴로 이사했어요.

□ parenté 빠헝떼 n.f. 친척 관계, 일가 친척

□ parents 빠헝 n.pl. 부모

□ père 빼(흐) n.m. 아버지

En tant que mariée, le grand classique est d'entrer au bras de son père.
엉 땅 끄 마히에, 르 그항 끌라시끄 에 덩트헤 오 브하 드 쏭 빼(흐)
신부의 경우 아버지와 팔짱을 끼는 게 전통적이에요.

□ papa 빠빠 n.m. 아빠

□ mère 매(흐) n.f. 어머니

□ maman 마망 n.f. 엄마

□ frère 프해(흐) n.m. 남자 형제

□ grand frère 그항 프해(흐) 형, 오빠

□ petit frère 쁘띠 프해(흐) 남동생

□ sœur 쐬흐 n.f. 여자 형제

□ grande sœur 그항드 쐬흐 누나, 언니

□ petite sœur 쁘띠뜨 쐬흐 여동생

Léa est la petite sœur de Julien et la grande sœur de Vincent.
레아 에 라 쁘띠뜨 쐬흐 드 쥘리엉 에 라 그항드 쐬흐 드 뱅썽
레아는 쥘리앙의 여동생이자 뱅상의 누나예요.

□ enfant 엉팡 n. 어린이, 아이, 자식

□ fils 피쓰 n.m. 아들

□ fille 피이 n.f. 딸

□ jumeau 쥐모, jumelle 쥐멜 n. 쌍둥이

- □ vrais jumeaux 브헤 쥐모, vraies jumelles 브헤 쥐멜
  일란성 쌍둥이
- □ faux jumeaux 포 쥐모, fausses jumelles 포쓰 쥐멜
  이란성 쌍둥이
- □ triplets 트히쁠레 n.m.pl. 세 쌍둥이

□ femme 팜 n.f. 아내

□ mari 마히 n.m. 남편

Éric, veux-tu être mon mari ?
에힉, 브뛰 에트(흐) 몽 마히?
에릭, 내 남편이 되어 주겠어?

□ cousin 꾸쟁 n.m. (남자) 사촌

Mon cousin m'a légèrement poussé pour rigoler.
몽 꾸쟁 마 레재흐멍 뿌쎄 뿌흐 히골레
내 사촌은 장난치려고 날 가볍게 밀었다.

□ cousine 꾸진 n.f. (여자) 사촌

□ neveu 느브 n.m. (남자) 조카

□ nièce 니애쓰 n.f. (여자) 조카

□ petits-enfants 쁘띠정팡 n.pl. 손자[녀]

Elle a donné des chocolats à ses petits-enfants.
엘 라 도네 데 쇼꼴라 아 쎄 쁘띠정팡
그녀는 그의 손자들에게 초콜릿을 주었어요.

□ petit-fils 쁘띠피쓰 n.m. 손자

□ petite-fille 쁘띠뜨피이 n.f. 손녀

□ grands-parents 그항빠헝 n.pl. 조부모

□ grand-père 그항빼(흐) n.m. 할아버지

□ grand-mère 그항매(흐) n.f. 할머니

Mes enfants vont rester chez leur grand-mère pendant les vacances.
메 정팡 봉 헤스떼 쉐 뢰흐 그항매(흐) 뻥당 레 바깡쓰
우리 아이들은 방학 동안 할머니 댁에 머무를 거예요.

□ oncle 옹끌 n.m. 삼촌

□ tante 땅뜨 n.f. 고모, 이모

□ paternel(le) 빠떼흐넬 a. 아버지의, 친가의

- □ amour paternel 아무 빠떼흐넬 부성애
- □ foyer paternel 푸아이예 빠떼흐넬 친가
- □ grand-père paternel 그항빼(흐) 빠떼흐넬 친할아버지
- □ grand-mère paternelle 그항매(흐) 빠떼흐넬 친할머니

L'amour paternel est aussi important que l'amour maternel pour les enfants.
라무 빠떼흐넬 에 또씨 앵뽀흐땅 끄 라무 마떼흐넬 뿌흐 레 정팡
부성애도 아이들에게 모성애만큼 중요해요.

□ maternel(le) 마떼흐넬 a. 어머니의, 외가의

- □ amour maternel 아무 마떼흐넬 모성애
- □ foyer maternel 푸아이예 마떼흐넬 외가
- □ grand-père maternel 그항빼(흐) 빠떼흐넬 외할아버지
- □ grand-mère maternelle 그항매(흐) 마떼흐넬 외할머니
- □ lait maternel 레 마떼흐넬 모유
- □ langue maternelle 랑그 마떼흐넬 모국어

□ adulte 아뒬뜨 n. 어른, 성인

□ jeune 죈 a. 젊은, 어린 n. 젊은이

□ bébé 베베 n. 아기

□ vieux 비으, (제2남성형) vieil 비에이, vieille 비에이 a. 나이 든, 오래된

J'ai retrouvé mon vieil ami Michel.
줴 흐트후베 몽 비에이 아미 미쉘
내 오랜 친구 미쉘을 찾았어요.

tip. 제2남성형 vieil는 모음이나 무음 h로 시작하는 남성 단수 명사 앞에 씁니다.

□ mature 마뛰(흐) a. (정신적으로) 성숙한

□ immature 이마뛰(흐) a. (정신적으로) 미성숙한

□ majeur 마죄 a. 성년의; 주요한 n. 성년자(법적)

□ mineur 미뇌 a. 미성년의; 부차적인 n. 미성년자(법적)

□ grossesse 그호쎄쓰 n.f. 임신

Pendant la grossesse, on prend du poids et c'est normal.
뻥당 라 그호쎄스, 옹 프헝 뒤 뿌아 에 쎄 노흐말
임신 중에는 체중이 느는데 그건 정상적인 거예요.

□ être enceinte 에트(흐) 엉쌩뜨 임신하다

□ accouchement 아꾸슈멍 n.m. 출산

□ naître 네트(흐) v. 태어나다

Je suis né(e) le 18 mars 1986 à Lyon.
즈 쒸 네 르 디즈위뜨 마흐쓰 밀뇌프썽꺄트흐벙씨스 아 리옹
저는 1986년 3월 18일 리옹에서 태어났어요.

□ naissance 네쌍쓰 n.f. 탄생

□ allaiter 알레떼 v. 수유하다

□ biberon 비브홍 n.m. 젖병

□ lait en poudre 레 엉 뿌드(흐) 분유

□ couche 꾸슈 n.f. 기저귀

□ élever 엘르베 v. 기르다, 양육하다

□ s'occuper 쏘뀌뻬 v. 돌보다

Qui s'occupe des enfants ?
끼 쏘뀌쁘 데 정팡?
애들은 누가 돌보나요?

□ nourrice 누히쓰 n.f. 유모, 보모

□ poussette 뿌쎗뜨 n.f. 유모차

□ berceau 베흐쏘 n.m. 아기 침대, 요람

□ familial(e) 파밀리알, pl. familiaux 파밀리오 a. 가정의, 가족의
 □ maladie familiale 말라디 파밀리알 유전병

Le diabète est une maladie familiale.
르 디아배뜨 에 뛴 말라디 파밀리알
당뇨병은 유전병이다.

□ ressembler 흐썽블레 v. 닮다, 비슷하다

□ adopter 아돕떼 v. 입양하다

□ adoption 아돕씨옹 n.f. 입양

□ enfant adopté 엉팡 아돕떼 입양아, 양자[녀]

□ vivre ensemble 비브(흐) 엉썽블르 함께 살다

□ devenir indépendant(e) 드브니 앵데뻥당(뜨) 독립하다

□ harmonieux 아흐모니으, harmonieuse 아흐모니으즈 a. 사이좋은, 단란한

□ désaccord 데자꼬(흐) n.m. 불화

□ se disputer 쓰 디스쀠떼 v. 서로 싸우다

On ne cesse de se disputer.
옹 느 쎄스 드 쓰 디스쀠떼
우리는 계속 서로 싸워요.

□ divorcer 디보흐쎄 v. 이혼하다

□ divorce 디보흐쓰 n.m. 이혼

□ se remarier 쓰 흐마히에 v. 재혼하다

□ remariage 흐마히아즈 n.m. 재혼

06. 형제 소개

꼭! 써먹는 **실전 회화**

Julie Éric, as-tu des frères et sœurs ?
에힉, 아뛰 데 프해(흐) 에 쐬흐?
에릭, 넌 형제나 누이가 있니?

Éric Oui, j'ai un petit frère.
Il est 3 ans plus jeune que moi.
위, 줴 엉 쁘띠 프해(흐). 일 레 트후아 장 쁠뤼 죈 끄 무아
응, 남동생이 하나 있어. 그 앤 나보다 3살 더 어려.

Julie Est-ce que tu t'entends bien avec lui ?
에스끄 뛰 떵떵 비엉 아베끄 뤼?
넌 동생과 사이가 좋니?

Éric Il est un peu malicieux.
일 레 엉 쁘 말리씨으
걘 좀 짓궂어.

Exercice

다음 단어를 읽고 맞는 뜻과 연결하세요.

1. amour •	• 가족
2. bon, bonne •	• 결혼
3. bonheur •	• 눈(한 쌍)
4. bouche •	• 사랑
5. famille •	• 아버지
6. frère •	• 어머니
7. mariage •	• 얼굴
8. mère •	• 입
9. père •	• 여자 형제
10. sœur •	• 착한, 좋은
11. visage •	• 행복
12. yeux •	• 남자 형제

1. amour – 사랑 2. bon, bonne – 착한, 좋은 3. bonheur – 행복 4. bouche – 입 5. famille – 가족 6. frère – 남자 형제 7. mariage – 결혼 8. mère – 어머니 9. père – 아버지 10. sœur – 여자 형제 11. visage – 얼굴 12. yeux – 눈(한 쌍)

Chapitre 03

Unité 07.

시간 & 날짜 L'heure et la date 뢰(흐) 에 라 다뜨

□ heure 외(흐)
n.f. 시간, 시

□ minute 미뉘뜨
n.f. 분

□ seconde 스공드
n.f. 초

□ demie 드미
n.f. 절반, 30분

□ quart 꺄흐
n.m. 4분의 1, 15분

□ montre 몽트(흐)
n.f. (휴대 가능한) 시계

□ horloge 오흘로즈
n.f. 큰 시계, 괘종 시계

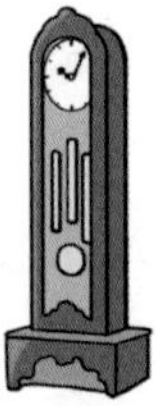

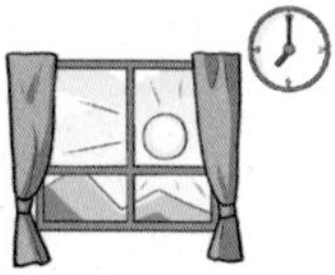

□ matin 마땡
n.m. 아침, 오전

□ se réveiller 쓰 헤베이에
v. 깨어나다, 잠을 깨다

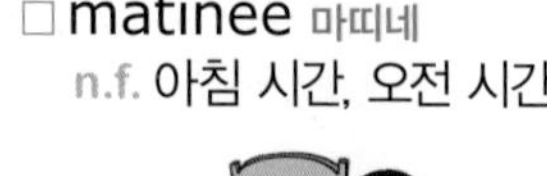

□ matinée 마띠네
n.f. 아침 시간, 오전 시간

□ se lever 쓰 르베
v. 일어나다

□ petit-déjeuner 쁘띠 데죄네
n.m. 아침 식사 v. 아침 식사를 하다

□ journée 주흐네
n.f. 낮 시간

□ midi 미디
n.m. 정오

□ après-midi 아프해미디
n.m.f. 오후

□ soir 쑤아
n.m. 저녁

□ soirée 쑤아헤
n.f. 저녁 시간; 파티

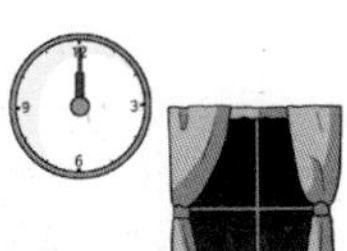

□ nuit 뉘
n.f. 밤

□ minuit 미뉘
n.m. 자정

□ sommeil 쏘메이
n.m. 잠, 졸음

□ déjeuner 데죄네
n.m. 점심 식사 v. 점심 식사를 하다

□ sieste 씨에스뜨 n.f. 낮잠

□ dîner 디네
n.m. 저녁 식사 v. 저녁 식사를 하다

□ se coucher 쓰 꾸쉐 v. 눕다, 자다

□ dormir 도흐미 v. 잠자다

□ veiller 베이에
v. 밤새다, 자지 않다

□ jour 주흐
n.m. 하루; 요일; 낮

□ semaine 쓰멘
n.f. 일주일, 주

□ date 다뜨
n.f. 날짜

□ week-end 위켄드
n.m. 주말

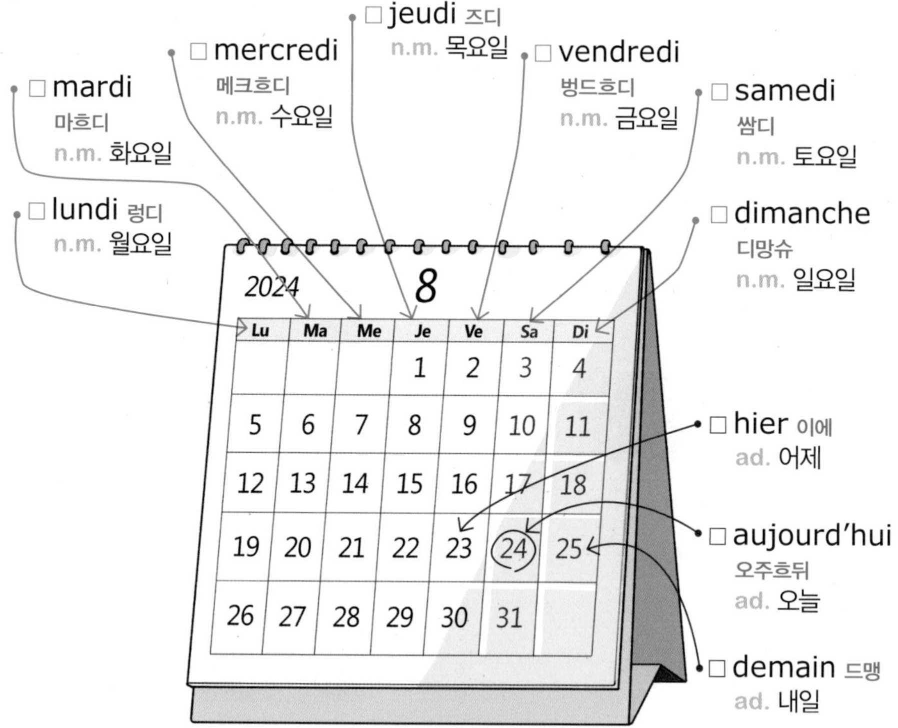

tip. 날짜 표기법 : 나라마다 날짜를 표기하는 방법도 조금씩 차이가 있죠.
한국은 일반적으로 '연도–월–일' 순서로 날짜를 적지만,
프랑스는 대부분의 유럽 국가들처럼 '일–월–연도' 순으로 적습니다.

- **한국** : 2024년 5월 20일
- **프랑스** : 20 Mai 2024 (= 20.05.2024.) 뱅 메 두밀뱅꺄트(흐)

□ mois 무아
n.m. 월, 달

□ début du mois
데뷔 뒤 무아 월초

□ fin du mois
팽 뒤 무아 월말

□ janvier 장비에 1월

□ février 페브히에 2월

□ mars 마흐쓰 3월

□ avril 아브힐 4월

□ mai 메 5월

□ juin 쥐앵 6월

□ juillet 쥐이에 7월

□ août 우뜨 8월

□ septembre 쎄떵브(흐) 9월

□ octobre 옥또브(흐) 10월

□ novembre 노벙브(흐) 11월

□ décembre 데썽브(흐) 12월

□ an 앙
n.m. 연, ~세(살)

□ année 아네
n.f. 연, 연도

□ annuel(le) 아뉘엘
a. 1년간의, 연 1회의

□ début de l'année 데뷔 드 라네
연초

□ fin de l'année 팽 드 라네
연말

□ calendrier 꺌렁드히에
n.m. 달력

□ jour férié 주흐 페히에 공휴일

□ fête 페뜨 n.f. 명절, 축제일

□ Noël 노엘 성탄절

□ Pâques 빠끄 부활절

□ passé 빠쎄
n.m. 과거

□ présent 프헤정
n.m. 현재

□ futur 퓌뛰
n.m. 미래

□ temps 떵 n.m. 시간, 시기; 날씨

□ heure 외(흐) n.f. 시간, 시

Quelle heure est-il ?
껠 뢰(흐) 에띨?
몇 시인가요?

□ minute 미뉘뜨 n.f. 분

□ seconde 스공드 n.f. 초

□ demie 드미 n.f. 절반, 30분

□ quart 꺄흐 n.m. 4분의 1, 15분

Je commence à travailler à 8 heures moins le quart.
즈 꼬멍쓰 아 트하바이에 아 위 뙤(흐) 무앙 르 꺄흐
전 8시 되기 15분 전에 일을 시작하죠.

□ montre 몽트(흐) n.f. (휴대 가능한) 시계

□ montre de poignet 몽트(흐) 드 뿌아녜 손목시계

□ horloge 오흘로즈 n.f. 큰 시계, 괘종시계

□ tard 따흐 ad. 늦게, 나중에

□ tôt 또 ad. 일찍이, 곧, 빨리

Mon mari se réveille toujours très tôt.
몽 마히 쓰 헤베이 뚜주(흐) 트해 또
제 남편은 항상 아주 일찍 일어나요.

□ aube 오브 n.f. 새벽

□ matin 마땡 n.m. 아침, 오전

□ matinée 마띠네 n.f. 아침 시간, 오전 시간

□ se réveiller 쓰 헤베이에 v. (정신이) 깨어나다, 잠을 깨다

Je me réveille à six heures du matin.
즈 므 헤베이 아 씨 죄(흐) 뒤 마땡
전 아침 여섯 시에 일어나요.

□ se lever 쓰 르베 v. (잠자리에서) 일어나다

J'ai du mal à me lever.
줴 뒤 말 아 므 르베
일어나기가 힘들어요.

□ se réveiller en retard 쓰 헤베이에 엉 흐따(흐)
(일어나야 할 시간을 넘겨서) 늦잠 자다

□ faire la grasse matinée 페(흐) 라 그하쓰 마띠네
(시간 여유가 있어서) 늦잠 자다

□ alarme 알라흠므 n.f. 알람

□ se laver 쓰 라베 v. 씻다, 세수하다

Je me lave les cheveux tous les matins.
즈 므 라브 레 슈브 뚜 레 마땡
매일 아침 머리를 감아요.

□ petit-déjeuner 쁘띠 데죄네 n.m. 아침 식사 v. 아침 식사를 하다

□ journée 주흐네 n.f. 낮 시간

□ midi 미디 n.m. 정오

□ déjeuner 데죄네 n.m. 점심 식사 v. 점심 식사를 하다

J'ai déjeuné à midi.
줴 데죄네 아 미디
정오에 점심을 먹었어요.

□ après-midi 아프해미디 n.m.f. 오후

□ sieste 씨에스뜨 n.f. 낮잠

□ soir 쑤아 n.m. 저녁

□ soirée 쑤아헤 n.f. 저녁 시간; 파티

□ dîner 디네 n.m. 저녁 식사 v. 저녁 식사를 하다

□ nuit 뉘 n.f. 밤

□ se coucher 쓰 꾸쉐 v. 눕다, 자다

Je me couche toujours trop tard.
즈 므 꾸슈 뚜주(흐) 트호 따흐
저는 항상 너무 늦게 자요.

□ s'allonger 쌀롱제 v. 눕다, 길게 뻗다; 길어지다

□ dormir 도흐미 v. 잠자다

□ minuit 미뉘 n.m. 자정

□ sommeil 쏘메이 n.m. 잠, 졸음

J'ai sommeil.
줴 쏘메이
졸려요.

□ veiller 베이에 v. 밤새다, 자지 않다

□ jour 주흐 n.m. 하루; 요일; 낮

□ semaine 쓰멘 n.f. 일주일, 주

Combien d'heures de sport par semaine faites-vous ?
꽁비엉 되(흐) 드 스뽀(흐) 빠흐 쓰멘 페뜨부?
일주일에 몇 시간 정도 운동하세요?

□ jour de semaine 주흐 드 쓰멘 평일

□ huit jours 위 주흐 일주일

tip. 프랑스에서는 '일주일'을 나타낼 때, '월요일부터 다음 주 월요일까지' 세어 '8일간'으로 봅니다.

□ lundi 렁디 n.m. 월요일

□ mardi 마흐디 n.m. 화요일

□ mercredi 메크흐디 n.m. 수요일

□ jeudi 즈디 n.m. 목요일

□ vendredi 벙드흐디 n.m. 금요일

□ samedi 쌈디 n.m. 토요일

□ dimanche 디망슈 n.m. 일요일

Ma mère va à l'église le dimanche.
마 매(흐) 바 아 레글리즈 르 디망슈
일요일에 저희 어머니는 교회에 가세요.

□ week-end 위껜드 n.m. 주말

Comment s'est passé votre week-end ?
꼬멍 쎄 빠쎄 보트(흐) 위껜드?
주말 어떻게 보냈어요?

□ mois 무아 n.m. 월, 달

□ début du mois 데뷔 뒤 무아 월초

□ fin du mois 팽 뒤 무아 월말

□ an 앙 n.m. 연, ~세(살)

□ année 아네 n.f. 연, 연도

□ annuel(le) 아뉘엘 a. 1년간의, 연 1회의

□ début de l'année 데뷔 드 라네 연초

□ fin de l'année 팽 드 라네 연말

□ date 다뜨 n.f. 날짜

□ calendrier 꺌렁드히에 n.m. 달력

□ hier 이에 ad., n.m. 어제

Il fait plus beau qu'hier, non ?
일 페 쁠뤼 보 끼에, 농?
어제보다 날씨가 더 좋아졌네, 안 그래?

□ aujourd'hui 오주흐뒤 ad., n.m. 오늘

□ demain 드맹 ad., n.m. 내일

□ lendemain 렁드맹 n.m. 다음날, 이튿날

□ jour férié 주흐 페히에 공휴일

□ anniversaire 아니베흐쎄(흐) n.m. 생일, 기념일

□ fête 페뜨 n.f. 명절, 축제일

□ Noël 노엘 성탄절
□ Épiphanie 에삐파니 주현절
□ Pâques 빠끄 부활절
□ Fête nationale 페뜨 나씨오날 국경일, 혁명 기념일

□ époque 에뽀끄 n.f. 시절

□ période 뻬히오드 n.f. 기간, 시기

□ ère 애흐 n.f. 시대

□ siècle 씨애끌 n.m. 세기

□ durée 뒤헤 n.f. 지속, 기간

□ passé 빠쎄 n.m. 과거

□ présent 프헤정 n.m. 현재

□ futur 퓌뛰 n.m. 미래

□ ces jours-ci 쎄 주흐씨 요즘
= ces temps-ci 쎄 떵씨

□ récemment 헤싸멍 ad. 최근에

□ il y a+(시간) 일 리 아 (시간) 전에

Je suis allé(e) au musée du Louvre il y a trois jours.
즈 쒸 잘레 오 뮈제 뒤 루브(흐) 일 리 아 트후아 주흐
전 3일 전에 루브르 박물관에 갔었어요.

07. 주현절

꼭! 써먹는 **실전 회화**

Xavier Qu'est-ce que tu fais à l'Épiphanie ?
께스끄 뛰 페 아 레삐파니?
넌 주현절에 뭐 하니?

Julie Je vais aller chez mes parents. Et toi ?
즈 베 잘레 쉐 메 빠헝. 에 뚜아?
부모님 댁에 갈 거야. 넌 뭐 할 거야?

Xavier Je vais partager une galette des Rois avec des amis chez moi.
즈 베 빠흐따제 윈 갈렛뜨 데 후아 아베끄 데 자미 쉐 무아
난 우리집에서 친구들과 주현절 과자를 나눠 먹을 거야.

Julie J'aurais aimé venir, mais ma mère va faire elle-même la galette des Rois pour cette Épiphanie.
조헤 에메 브니, 메 마 매(흐) 바 페(흐) 엘멤 라 갈렛뜨 데 후아 뿌흐 쎗뜨 에삐파니
나도 가고 싶지만, 이번 주현절엔 엄마가 갈레트를 구우실 거래.

Unité 08.

날씨 & 계절 Le temps et la saison 르 떵 에 라 쎄종

□ clair(e) 끌레(흐)
a. 맑은

□ doux 두, douce 두쓰
a. 포근한, 온화한

□ chaud(e) 쇼(드) a. 따뜻한, 더운

□ frais 프헤, fraîche 프헤슈
a. 서늘한, 쌀쌀한

□ nuage 뉘아즈 n.m. 구름

□ gris(e) 그히(즈)
a. 흐린, 우중충한, 회색의

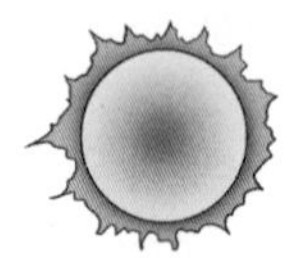

□ soleil 쏠레이 n.m. 태양

□ chaleur 샬뢰 n.f. 열기

□ air 에흐 n.m. 공기, 대기

□ sec 쎄끄, sèche 쎄슈
a. 건조한 n.m. 건조

□ aridité 아히디떼 n.f. 가뭄

□ vent 벙 n.m. 바람

□ brouillard 브후이아(흐) n.m.
= brume 브휨 n.f.
안개

□ pleuvoir 쁠르부아 v. 비가 오다

□ pluie 쁠뤼 n.f. 비

□ inondation 이농다씨옹 n.f. 홍수

□ humide 위미드 a. 눅눅한, 습기찬

□ typhon 띠퐁 n.m. 태풍

□ tempête 떵뻬뜨 n.f. 폭풍우, 돌풍

□ tonnerre 또네(흐) n.m. 천둥

□ éclair 에끌레 n.m. 번개

□ froid(e) 프후아(드)
a. 차가운, 추운
n.m. 추위

□ vague de froid 바그 드 프후아
한파

□ chute de neige 쉬뜨 드 네즈
강설

□ neiger 네제 v. 눈이 내리다

□ neige 네즈 n.f. 눈

□ flocon 플로꽁 n.m. 눈송이

□ tomber 똥베 v. 떨어지다

□ saison 쎄종
n.f. 계절, 철

□ printemps 프행떵
n.m. 봄

□ été 에떼
n.m. 여름

□ étouffant(e) 에뚜팡(뜨)
a. 숨막히는, 질식할 것 같은

□ automne 오똔
n.m. 가을

□ se réchauffer 쓰 헤쇼페
v. 따뜻해지다

□ parapluie 빠하쁠뤼 n.m. 우산

□ averse 아베흐쓰 n.f. 소나기, 폭우

□ coup de chaud 꾸 드 쇼
열사병, 더위

□ rougir 후지
v. 붉어지다

□ feuille 푀이
n.f. 잎, 낙엽

□ hiver 이베
n.m. 겨울

□ se refroidir 쓰 흐프후아디
v. 추워지다, 차가워지다

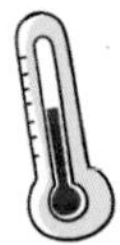

□ température 떵뻬하뛰(흐)
n.f. 온도

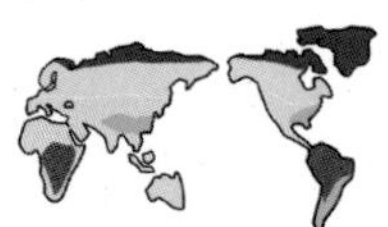

□ climat 끌리마
n.m. 기후, 풍토

□ récolte 헤꼴뜨
n.f. 수확

□ glace 글라쓰
n.f. 얼음

□ geler 즐레
v. 얼다, 영하가 되다

□ météo 메떼오
(météorologie 메떼오홀로지의 약어)
n.f. 일기 예보

□ prévoir 프헤부아
v. 예상하다, 예보하다

□ temps 떵 n.m. 날씨

Quel temps fait-il aujourd'hui ?
껠 떵 페띨 오주흐뒤?
오늘 날씨 어때요?

□ clair(e) 끌레(흐) a. 맑은

□ doux 두, douce 두쓰 a. 포근한, 온화한

□ chaud(e) 쇼(드) a. 따뜻한, 더운

Il fait très chaud.
일 페 트헤 쇼
날씨가 정말 덥네요.

□ frais 프헤, fraîche 프헤슈 a. 서늘한, 쌀쌀한

J'aime le vent frais de l'automne.
젬 르 벙 프헤 드 로똔
선선한 가을 바람이 좋아요.

□ se refroidir 쓰 흐프후아디 v. 추워지다, 차가워지다

Le temps se refroidit.
르 떵 쓰 흐프후아디
날씨가 점점 추워지네요.

□ froid(e) 프후아(드) a. 차가운, 추운 n.m. 추위

□ geler 즐레 v. 얼다, 영하가 되다

□ glace 글라쓰 n.f. 얼음

□ soleil 쏠레이 n.m. 태양

□ solaire 쏠레(흐) a. 태양의

□ chaleur 샬뢰 n.f. 열기

□ air 에흐 n.m. 공기, 대기

□ sec 쎄끄, sèche 쎄슈 a. 건조한 n.m. 건조

□ aridité 아히디떼 n.f. 가뭄

Cet été, il y a une terrible aridité.
쎄 떼떼, 일 리 아 윈 떼히블르 아히디떼
올여름은 가뭄이 심해요.

□ nuage 뉘아즈 n.m. 구름

Il n'y a pas un seul nuage dans le ciel.
일 니 아 빠 정 쐴 뉘아즈 당 르 씨엘
하늘에 구름 한 점 없어요.

□ gris(e) 그히(즈) a. 흐린, 우중충한, 회색의

□ brouillard 브후이아(흐) n.m. 안개
= brume 브휨 n.f.

□ pleuvoir 쁠르부아 v. 비가 오다

□ pluie 쁠뤼 n.f. 비

Il pleut toute la journée par intermittence.
일 쁠르 뚜뜨 라 주흐네 빠흐 앵떼흐미떵쓰
하루 종일 비가 오락가락해요.

□ goutte 굿뜨 n.f. 방울, 물방울

□ averse 아베흐쓰 n.f. 소나기, 폭우

□ parapluie 빠하쁠뤼 n.m. 우산

□ vent 벙 n.m. 바람

□ typhon 띠퐁 n.m. 태풍

□ tempête 떵뻬뜨 n.f. 폭풍우, 돌풍

□ tonnerre 또네(흐) n.m. 천둥

□ éclair 에끌레 n.m. 번개

□ inondation 이농다씨옹 n.f. 홍수

Chaque année à cette période, il y a une inondation.
샤끄 아네 아 쎄뜨 뻬히오드, 일 리 아 윈 이농다씨옹
매년 이맘때면 홍수가 나요.

□ saison 쎄종 n.f. 계절, 철

□ printemps 프랭떵 n.m. 봄

□ printanier 프행따니에, printanière 프행따니애(흐) a. 봄의, 봄철의

L'air printanier est incontestable.
레흐 프행따니에 에 땡꽁떼스따블르
봄 기운이 완연하네요.

□ se réchauffer 쓰 헤쇼페 v. 따뜻해지다

□ germer 제흐메 v. 싹트다, 움트다

□ germe 제흠므 n.m. 씨, 싹

□ bourgeon 부흐종 n.m. 싹, 눈

Les bourgeons apparaissent en mars.
레 부흐종 아빠헤쓰 엉 마흐쓰
3월이면 나무의 순들이 자라납니다.

□ été 에떼 n.m. 여름

□ heure d'été 외(흐) 데떼 서머 타임

□ estival(e) 에스띠발, pl. estivaux 에스띠보 a. 여름의, 피서의

□ humide 위미드 a. 눅눅한, 습기찬

□ étouffant(e) 에뚜팡(뜨) a. 숨막히는, 질식할 것 같은

Il fait une chaleur étouffante.
일 페 뛴 샬뢰 에뚜팡뜨
푹푹 찌는 날씨예요.

□ coup de chaleur 꾸 드 샬뢰 열사병
= coup de chaud 꾸 드 쇼

□ mousson 무쏭 n.f. 장마, 열대 계절풍

□ saison des pluies 쎄종 데 쁠뤼 장마철

Pendant la mousson, il est nécessaire d'avoir un parapluie.
뻥당 라 무쏭, 일 레 네쎄쎄(흐) 다부아 엉 빠하쁠뤼
장마철엔 우산이 꼭 필요해요.

□ automne 오똔 n.m. 가을

L'automne est la saison idéale pour voyager.
로똔 에 라 쎄종 이데알 뿌흐 부아이야제
가을은 여행하기 좋은 계절이죠.

□ automnal(e) 오또날, pl. automnaux 오또노 a. 가을의

□ feuille 푀이 n.f. 잎, 낙엽

□ érable 에하블르 n.m. 단풍나무

□ rougir 후지 v. 붉어지다

Les feuilles d'érable rougissent.
레 푀이 데하블르 후지쓰
단풍잎이 붉게 물들어요.

□ récolte 헤꼴뜨 n.f. 수확

□ hiver 이베 n.m. 겨울

□ hivernal(e) 이베흐날, pl. hivernaux 이베흐노 a. 겨울의

□ neiger 네제 v. 눈이 내리다

□ neige 네즈 n.f. 눈

□ bonhomme de neige 보넘 드 네즈 눈사람

C'est la première neige cet hiver.
쎄 라 프흐미애(흐) 네즈 쎄 띠베
올겨울 첫눈이에요.

□ flocon 플로꽁 n.m. 눈송이

□ tomber 똥베 v. 떨어지다

□ vague de froid 바그 드 프후아 한파

□ chute de neige 쉬뜨 드 네즈 강설

□ forte chute de neige 포흐뜨 쉬뜨 드 네즈 폭설

Plusieurs villes sont isolées par les fortes chutes de neige.
쁠뤼지외 빌 쏭 띠졸레 빠흐 레 포흐뜨 쉬뜨 드 네즈
몇몇 마을은 폭설로 고립되었어요.

□ température 떵뻬하뛰(흐) n.f. 온도

□ monter 몽떼 v. 올라가다

□ descendre 데썽드(흐) v. 내려가다

La température est descendue jusqu'à - 2 degré.
라 떵뻬하뛰(흐) 에 데썽뒤 쥐스꺄 무앙 드 드그헤
온도가 영하 2도까지 내려갔어요.

□ climat 끌리마 n.m. 기후, 풍토

□ grêle 그헬 n.f. 우박

□ givre 지브(흐) n.m. 서리, 성에

□ météo 메떼오 (météorologie 메떼오홀로지의 약어) n.f. 일기 예보

La météo s'est encore trompée.
라 메떼오 쎄 떵꼬(흐) 트홍뻬
일기 예보가 또 틀렸어요.

□ prévoir 프헤부아 v. 예상하다, 예보하다

La météo prévoit qu'il fera gris demain.
라 메떼오 프헤부아 낄 프하 그히 드맹
일기 예보에서 내일 날씨가 흐릴 거래요.

□ changement climatique 샹즈멍 끌리마띠끄 기후 변화

□ ultraviolet 윌트하비올레 a. 자외선의 n.m. 자외선

08. 열대야

꼭! 써먹는 **실전 회화**

Éric Je n'ai pas pu dormir de la nuit à cause de la chaleur.
즈 네 빠 쀠 도흐미 들 라 뉘 아 꼬즈 들 라 샬뢰
더위 때문에 밤새 한잠도 못 잤어.

Xavier Moi aussi.
Il fait chaud à en crever.
무아 오씨. 일 페 쇼 아 엉 크흐베
나도야. 더워 죽겠어.

Éric Jusqu'à quand ce temps va-t-il durer ?
쥐스꺄 깡 쓰 떵 바띨 뒤헤?
이런 날씨가 언제까지 계속될까?

Xavier Moi aussi j'aimerais bien le savoir.
무아 오씨 줴므헤 비엉 르 싸부아
나도 그게 궁금해.

Unité 09.

동물 & 식물 L'animal et la plante 라니말 에 라 쁠랑뜨

□ animal 아니말
n.m. 동물

□ patte 빳뜨
n.f. (동물의) 발, 다리

□ barbe 바흐브
n.f. 수염

□ queue 끄
n.f. 꼬리

□ sabot 싸보
n.m. 발굽

□ crinière 크히니애(흐)
n.f. 갈기

□ chien 쉬엉
n.m. 개

□ chat 샤
n.m. 고양이

□ lapin 라뺑
n.m. 토끼

□ singe 쌩즈
n.m. 원숭이

□ éléphant 엘레팡
n.m. 코끼리

□ girafe 지하프
n.f. 기린

□ renard 흐나(흐)
n.m. 여우

□ loup 루
n.m. 늑대

□ mouton 무똥
n.m. 양

□ lion 리옹
n.m. 사자

□ tigre 띠그(흐)
n.m. 호랑이

□ ours 우흐쓰
n.m. 곰

□ cheval 슈발
n.m. 말

□ zèbre 재브(흐)
n.m. 얼룩말

□ cerf 쎄흐
n.m. 사슴

□ rhinocéros 히노쎄호쓰
n.m. 코뿔소

□ taupe 또쁘
n.f. 두더지

□ écureuil 에뀌회이
n.m. 다람쥐

□ souris 쑤히
n.f. 쥐

□ chauve-souris
쇼브쑤히 n.f. 박쥐

□ baleine 발렌
n.f. 고래

□ oiseau 우아조
n.m. 새

□ aile 엘
n.f. 날개

□ bec 베끄
n.m. 부리

□ coq 꼬끄
n.m. 닭

□ poussin 뿌쌩
n.m. 병아리

□ canard 꺄나(흐)
n.m. 오리

□ moineau 무아노
n.m. 참새

□ pigeon 삐종
n.m. 비둘기

□ hirondelle 이홍델
n.f. 제비

□ mouette 무엣뜨
n.f. 갈매기

□ paon 빠옹
n.m. 공작

□ aigle 에글
n.m. 독수리

□ hibou 이부
n.m. 부엉이

□ pingouin 빵구앵
n.m. 펭귄

□ autruche 오트휘슈
n.f. 타조

□ poisson 뿌아쏭
n.m. 물고기, 생선

□ branchie 브항쉬
n.f. 아가미

□ nageoire 나주아(흐)
n.f. 지느러미

□ poisson tropical
뿌아쏭 트호삐꺌 열대어

□ aquarium 아꾸아히엄
n.m. 어항, 수족관

□ requin 흐깽
n.m. 상어

□ raie 헤
n.f. 가오리

□ pieuvre 삐외브(흐)
n.f. 문어

□ crocodile 크호꼬딜
n.m. 악어

□ tortue 또흐뛰
n.f. 거북

□ serpent 쎄흐뻥
n.m. 뱀

□ lézard 레자(흐)
n.m. 도마뱀

□ grenouille 그흐누이
n.f. 개구리

□ têtard 떼따(흐)
n.m. 올챙이

□ insecte 앵쎅뜨
n.m. 곤충, 벌레

□ araignée 아헤녜
n.f. 거미

□ papillon 빠삐이옹
n.m. 나비

□ abeille 아베이
n.f. 꿀벌

□ fourmi 푸흐미
n.f. 개미

□ mouche 무슈
n.f. 파리

□ moustique 무스띠끄
n.m. 모기

□ cafard 꺄파(흐)
n.m. 바퀴벌레

□ plante 쁠랑뜨
n.f. 식물

□ planter 쁠랑떼
v. 심다

□ arbre 아흐브(흐)
n.m. 나무

□ herbe 에흐브
n.f. 풀

□ fleur 플뢰
n.f. 꽃

□ branche 브항슈
n.f. 가지

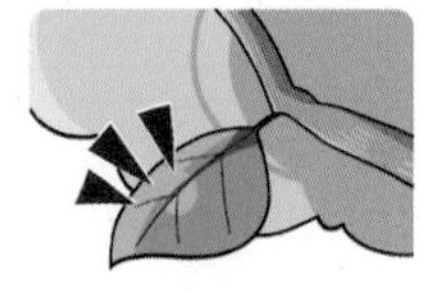

□ feuille 푀이
n.f. 잎, 나뭇잎

□ racine 하씬
n.f. 뿌리

□ pétale 뻬딸
n.m. 꽃잎

□ bouton de fleur
부똥 드 플뢰
꽃봉오리

□ fleurir 플뢰히
v. 꽃 피우다

□ fruit 프휘
n.m. 열매, 과일

□ graine 그헨
n.f. 씨, 씨앗

□ arroser 아호제
v. 물을 주다

□ faner 파네
v. 마르다, 시들다

□ arracher 아하쉐
v. 뿌리째 뽑다

□ animal 아니말, pl. animaux 아니모 n.m. 동물

□ animal de compagnie 아니말 드 꽁빠뉘 애완동물

□ animal domestique 아니말 도메스띠끄 가축

Élever un animal aide affectivement.
엘르베 어 나니말 에드 아펙띠브멍
동물을 키우는 건 정서적으로 도움이 되죠.

□ nourrir 누히 v. 먹이를 주다, 양육하다

Maintenant, il est l'heure de nourrir le chiot.
맹뜨낭, 일 레 뢰(흐) 드 누히 르 쉬오
이제 강아지에게 먹이를 줄 시간이에요.

□ patte 빳뜨 n.f. (동물의) 발, 다리

□ poils 뿌알 n.m.pl. 털

□ queue 끄 n.f. 꼬리

□ griffe 그히프 n.f. (동물의) 발톱

□ griffer 그히페 v. 할퀴다, 긁다

Son chat m'a griffé deux fois !
쏭 샤 마 그히페 드 푸아!
그의 고양이가 저를 두 번이나 할퀴었어요!

□ chien 쉬엉 n.m. (수컷) 개

□ chienne 쉬엔 n.f. (암컷) 개

□ chiot 쉬오 n.m. 강아지

Je me promène avec mon chien chaque soir.
즈 므 프호맨 아베끄 몽 쉬엉 샤끄 쑤아
저는 매일 저녁 개와 함께 산책을 해요.

□ aboyer 아부아이예 v. 짖다

Son chien étant très méfiant, il aboie souvent.
쏭 쉬엉 에땅 트해 메피앙, 일 라부아 쑤벙
그의 개는 경계심이 많아서 잘 짖어요.

□ chat 샤 n.m. (수컷) 고양이

□ chatte 샤뜨 n.f. (암컷) 고양이

□ chaton 샤똥 n.m. 새끼 고양이

Depuis que ma fille élève un chat, la maison est pleine de poils !
드쀠 끄 마 피이 엘레브 엉 샤, 라 메종 에 쁠렌 드 뿌알!
딸이 고양이를 키운 이후로 집이 온통 털투성이에요!

□ miauler 미올레 v. 야옹거리다

□ taureau 또호 n.m. 황소, 숫소

□ vache 바슈 n.f. 암소

□ vache laitière 바슈 레띠애(흐) 젖소

□ veau 보 n.m. 송아지

Un taureau a heurté un jeune homme.
엉 또호 아 외흐떼 엉 죈 엄
황소가 젊은 남자를 들이받았어요.

□ cochon 꼬숑 n.m. 돼지

□ porcelet 뽀흐쓸레 n.m. 새끼 돼지

□ lapin 라뺑 n.m. 토끼

Lorsqu'on élève un lapin, il faut le nourrir avec des légumes frais.
로흐스꽁 넬래브 엉 라뺑, 일 포 르 누히 아베끄 데 레귐 프헤
토끼를 키울 땐 신선한 채소를 먹여야 해요.

□ mouton 무똥 n.m. 양

□ cheval 슈발, pl. chevaux 슈보 n.m. 말

□ poulain 뿔랭 n.m. 망아지

□ sabot 싸보 n.m. 발굽

□ crinière 크히니애(흐) n.f. 갈기

□ crin 크행 n.m. 말총

□ zèbre 재브(흐) n.m. 얼룩말

□ lion 리옹 n.m. 사자

□ tigre 띠그(흐) n.m. 호랑이

□ ours 우흐쓰 n.m. 곰

□ renard 흐나(흐) n.m. 여우

□ loup 루 n.m. 늑대

□ singe 쌩즈 n.m. 원숭이

□ chimpanzé 솅빵제 n.m. 침팬지

□ éléphant 엘레팡 n.m. 코끼리

Un grand nombre d'éléphants ont été tués pour leur ivoire.
엉 그항 농브(흐) 델레팡 옹 떼떼 뛰에 뿌흐 뢰흐 이부아(흐)
수많은 코끼리들이 상아 때문에 살해되었어요.

□ girafe 지하프 n.f. 기린

□ cerf 쎄흐 n.m. 사슴

□ rhinocéros 히노쎄호쓰 n.m. 코뿔소

□ chien viverrin 쉬엉 비브행 너구리

□ taupe 또쁘 n.f. 두더지

□ souris 쑤히 n.f. 쥐

□ écureuil 에뀌회이 n.m. 다람쥐

□ chauve-souris 쇼브쑤히 n.f. 박쥐

□ baleine 발렌 n.f. 고래

□ dauphin 도팽 n.m. 돌고래

□ oiseau 우아조 n.m. 새

□ aile 엘 n.f. 날개

□ plume 쁠륌 n.f. 깃, 깃털

□ bec 베끄 n.m. 부리

□ œuf 외프 n.m. 알

□ couver 꾸베 v. 알을 품다

□ nid 니 n.m. 둥지

L'oiseau lisse ses plumes avec son bec.
루아조 리쓰 쎄 쁠륌 아베끄 쏭 베끄
새는 부리로 깃털을 다듬어요.

□ coq 꼬끄 n.m. 닭, 수탉

□ poule 뿔 n.f. 암탉

□ poussin 뿌쌩 n.m. 병아리

Chaque matin, je nourris les poules et change leur eau.
샤끄 마땡, 즈 누히 레 뿔 에 샹제 뢰흐 오
매일 아침, 제가 닭들에게 먹이를 주고 물도 갈아 줘요.

□ canard 꺄나(흐) n.m. 오리

L'oiseau qui nage sur le lac est un canard.
루아조 끼 나즈 쒸흐 르 라끄 에 떵 꺄나(흐)
호수 위에서 헤엄치는 새가 오리예요.

□ moineau 무아노 n.m. 참새

□ pigeon 삐종 n.m. 비둘기

□ corbeau 꼬흐보 n.m. 까마귀

□ aigle 에글 n.m. 독수리

□ mouette 무엣뜨 n.f. 갈매기

□ hirondelle 이홍델 n.f. 제비

□ paon 빠옹 n.m. 공작

□ autruche 오트휘슈 n.f. 타조

□ hibou 이부 n.m. 부엉이

□ pingouin 뺑구앵 n.m. 펭귄

□ poisson 뿌아쏭 n.m. 물고기, 생선

□ branchie 브항쉬 n.f. 아가미

□ nageoire 나주아(흐) n.f. 지느러미

□ écaille 에까이 n.f. 비늘

Le poisson respire grâce à ses branchies.
르 뿌아쏭 헤스삐(흐) 그하쓰 아 쎄 브항쉬
물고기는 아가미로 숨을 쉽니다.

□ poisson tropical 뿌아쏭 트호삐꺌 열대어

Le poisson tropical qu'elle élève est d'une race très rare.
르 뿌아쏭 트호삐꺌 껠 레래브 에 뒨 하쓰 트해 하(흐)
그녀가 키우는 열대어는 희귀종이에요.

□ aquarium 아꾸아히엄 n.m. 어항, 수족관

□ requin 흐깽 n.m. 상어

□ pieuvre 삐외브(흐) n.f. 문어

□ raie 헤 n.f. 가오리

□ anguille 앙기이 n.f. 뱀장어

□ tortue 또흐뛰 n.f. 거북

□ crocodile 크호꼬딜 n.m. 악어

□ serpent 쎄흐뻥 n.m. 뱀

□ lézard 레자(흐) n.m. 도마뱀

Il a aménagé une grande cage pour son lézard.
일 라 아메나제 윈 그항드 까즈 뿌흐 쏭 레자(흐)
그는 도마뱀을 위해 큰 사육장을 마련했어요.

□ grenouille 그흐누이 n.f. 개구리
  □ têtard 떼따(흐) n.m. 올챙이

□ insecte 앵쎅뜨 n.m. 곤충, 벌레
  □ antenne 앙뗀 n.f. 더듬이, 안테나

□ abeille 아베이 n.f. 꿀벌

□ papillon 빠삐이옹 n.m. 나비

□ fourmi 푸흐미 n.f. 개미

□ mouche 무슈 n.f. 파리

□ moustique 무스띠끄 n.m. 모기

□ cafard 꺄파(흐) n.m. 바퀴벌레

□ araignée 아헤녜 n.f. 거미

□ plante 쁠랑뜨 n.f. 식물

□ planter 쁠랑떼 v. 심다

Michel a planté des graines d'herbes aromatiques dans son jardin.
미쉘 아 쁠랑떼 데 그헨 데흐브 아호마띠끄 당 쏭 자흐댕
미쉘은 그의 정원에 허브 씨앗을 심었어요.

□ arbre 아흐브(흐) n.m. 나무

□ branche 브항슈 n.f. 가지

□ feuille 푀이 n.f. 잎, 나뭇잎

□ racine 하씬 n.f. 뿌리

□ herbe 에흐브 n.f. 풀

□ algue 알그 n.f. 해초, 해조류

□ fleur 플뢰 n.f. 꽃

□ pétale 뻬딸 n.m. 꽃잎

□ bouton de fleur 부똥 드 플뢰 꽃봉오리

□ fleurir 플뢰히 v. 꽃 피우다

C'est vraiment difficile de faire fleurir une orchidée.
쎄 브헤멍 디피씰 드 페(흐) 플뢰히 윈 오흐끼데
난초는 꽃을 피우기 정말 어려워요.

□ rose 호즈 n.f. 장미

□ rosier 호지에 n.m. 장미 나무

Il a récemment planté un rosier dans son jardin.
일 라 헤싸멍 쁠랑떼 엉 호지에 당 쏭 자흐댕
그는 최근 정원에 장미 나무를 심었어요.

□ lys 리쓰 n.m. 백합

□ tulipe 뛸리쁘 n.f. 튤립

□ marguerite 마흐그히뜨 n.f. 데이지

□ muguet 뮈게 n.m. 방울꽃

□ violette 비올렛뜨 n.f. 제비꽃

□ tournesol 뚜흔느쏠 n.m. 해바라기

□ iris 이히쓰 n.m. 붓꽃

□ pissenlit 삐썽리 n.m. 민들레

□ lotus 로뛰쓰 n.m. 연, 연꽃

□ pivoine 삐부안 n.f. 작약

□ fruit 프휘 n.m. 열매, 과일

□ graine 그헨 n.f. 씨, 씨앗

□ arroser 아호제 v. 물을 주다

□ faner 파네 v. 마르다, 시들다

□ arracher 아하쉐 v. 뿌리째 뽑다

09. 애완동물

꼭! 써먹는 **실전 회화**

Julie As-tu un animal de compagnie ?
아뛰 어 나니말 드 꽁빠뉘?
너 애완동물 키우니?

Léa Oui, ça fait trois ans que j'élève un chien.
위, 싸 페 트후아 장 끄 젤레브 엉 쉬엉
응, 개 키운 지 3년째야.

Julie Ce n'est pas inconfortable d'avoir un chien à la maison ?
쓰 네 빠 앵꽁포흐따블르 다부아 엉 쉬엉 알 라 메종?
집에서 개 키우기 불편하지 않아?

Léa Non, mon chien est bien éduqué.
Je voudrais aussi avoir un chat.
농, 몽 쉬엉 에 비엉 에뒤께. 즈 부드헤 오씨 아부아 엉 샤
아니, 우리 개는 잘 훈련되었거든. 난 고양이도 한 마리 키우고 싶어.

Exercice

다음 단어를 읽고 맞는 뜻과 연결하세요.

1. animal •	• 가을
2. arbre •	• 개
3. automne •	• 겨울
4. chat •	• 고양이
5. chien •	• 꽃
6. été •	• 나무
7. fleur •	• 동물
8. hiver •	• 물고기
9. jour •	• 봄
10. oiseau •	• 새
11. poisson •	• 여름
12. printemps •	• 하루, 요일, 낮

1. animal – 동물 2. arbre – 나무 3. automne – 가을 4. chat – 고양이
5. chien – 개 6. été – 여름 7. fleur – 꽃 8. hiver – 겨울 9. jour – 하루, 요일, 낮
10. oiseau – 새 11. poisson – 물고기 12. printemps – 봄

Chapitre 04

Unité 10.

집 La maison 라 메종

□ maison 메종
n.f. 집

□ chambre 샹브(흐)
n.f. 방

□ porte 뽀흐뜨
n.f. 문

□ entrée 엉트헤
n.f. 출입구, 현관

□ clé 끌레
n.f. 열쇠

□ fenêtre 프네트(흐)
n.f. 창문

□ sonnette 쏘넷뜨
n.f. 초인종

□ clôture 끌로뛰(흐)
n.f. 울타리

□ jardin 자흐댕
n.m. 정원

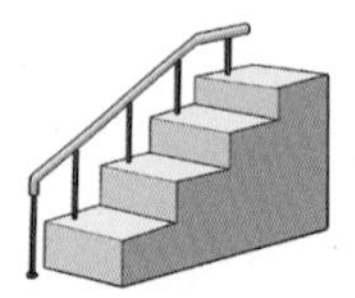

□ escalier 에스꺌리에
n.m. 계단

□ grenier 그흐니에
n.m. 다락방

□ cave 꺄브
n.f. 지하실

□ étage 에따즈
n.m. 층

□ toit 뚜아
n.m. 지붕

□ cheminée 슈미네
n.f. 굴뚝

□ plafond 쁠라퐁
n.m. 천장

□ mur 뮈흐
n.m. 벽

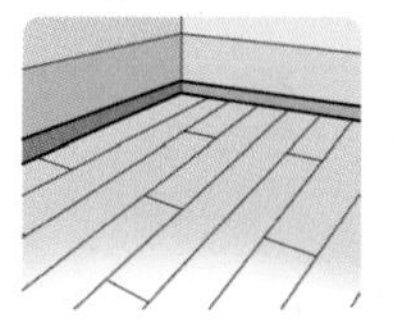

□ sol 쏠
n.m. 바닥

□ salle de séjour
쌀 드 쎄주 거실

□ meuble 뫼블르
n.m. 가구

□ canapé 꺄나뻬
n.m. 소파

□ table 따블르
n.f. 탁자, 식탁

□ télévision 뗄레비지옹
n.f. 텔레비전

□ lampe 랑쁘
n.f. 램프, 전등

□ bureau 뷔호
n.m. 책상

□ chaise 쉐즈
n.f. 의자

□ tiroir 띠후아
n.m. 서랍

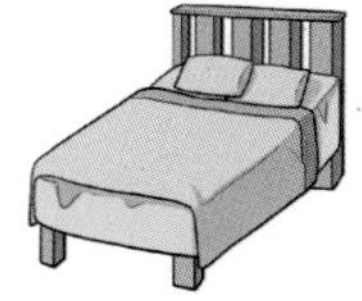

□ lit 리
n.m. 침대

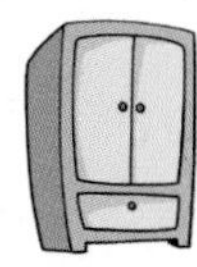

□ armoire 아흐무아(흐)
n.f. 옷장

□ étagère 에따재(흐)
n.f. 선반

□ salle à manger 쌀 아 망제
식당

□ cuisine 뀌진
n.f. 부엌

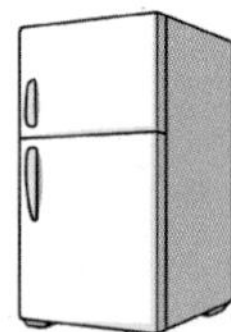

□ réfrigérateur 헤프히제하뙤
n.m. 냉장고

□ four 푸흐
n.m. 오븐

□ cuisinière (à gaz)
뀌지니애(흐) (아 갸즈)
n.f. 가스레인지

□ micro-ondes 미크호옹드
n.m. 전자레인지

□ mixeur 믹쐬
n.m. 믹서

□ grille-pain 그히이뺑
n.m. 토스터

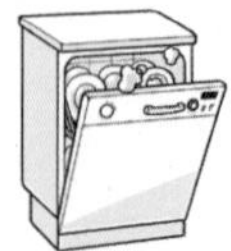

□ lave-vaisselle 라브베쎌
n.m. 식기세척기

□ évier 에비에
n.m. 개수대

□ salle de bain 쌀 드 뱅
욕실

□ douche 두슈
n.f. 샤워기

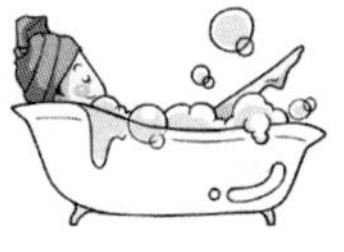

□ bain 뱅
n.m. 목욕

□ baignoire 베뇨아(흐)
n.f. 욕조

□ lavabo 라바보
n.m. 세면대

□ robinet 호비네
n.m. 수도꼭지

□ toilettes 뚜알렛뜨
n.f.pl. 화장실

□ cuvette 뀌벳뜨
n.f. 변기

□ poubelle 뿌벨
n.f. 휴지통

□ nettoyer 넷뚜아이예
v. 청소하다, 깨끗이 하다

□ essuyer 에쒸이예
v. 닦다, 털다

□ aspirateur 아스삐하뙤
n.m. 청소기

□ laver 라베
v. 씻다, 세탁하다

□ lessive 레씨브
n.f. 빨래

□ machine à laver
마쉰 아 라베
세탁기

□ maison 메종 n.f. 집

Ma voiture est garée en face de la maison.
마 부아뛰(흐) 에 갸헤 엉 파쓰 들 라 메종
제 차는 집 맞은편에 주차했어요.

□ chambre 샹브(흐) n.f. 방

□ salle 쌀 n.f. (특정 용도의) 방

□ salle à manger 쌀 아 망제 식당(식사하는 방)
□ salle de bain 쌀 드 뱅 욕실
□ salle de séjour 쌀 드 쎄주 거실

La salle de séjour peut avoir une influence positive sur l'harmonie de la famille.
라 살 드 쎄주 쁘 따부아 윈 앵플뤼엉스 뽀지띠브 쒸흐 라흐모니 들 라 파미이
거실은 가족이 화목하게 어울리기에 좋은 공간이지요.

□ porte 뽀흐뜨 n.f. 문

□ entrée 엉트헤 n.f. 출입구, 현관

□ clé 끌레 n.f. 열쇠

□ fenêtre 프네트(흐) n.f. 창문

□ ouvrir 우브히 v. 열다

□ fermer 페흐메 v. 닫다; 잠그다

Fermez la fenêtre, s'il vous plaît.
페흐메 라 프네트(흐), 씰 부 쁠레
창문 좀 닫아주세요.

□ sonnette 쏘넷뜨 n.f. 초인종

□ jardin 자흐댕 n.m. 정원

□ cour 꾸흐 n.m. 안마당, 안뜰

□ clôture 끌로뛰(흐) n.f. 울타리

□ étage 에따즈 n.m. 층

□ escalier 에스꺌리에 n.m. 계단

□ ascenseur 아썽쐬 n.m. 승강기, 엘리베이터

Comme il n'y a pas d'ascenseur dans ce bâtiment, on doit prendre les escaliers.
꼼 일 니 아 빠 다썽쐬 당 쓰 바띠멍, 옹 두아 프헝드(흐) 레 제스깔리에
이 건물엔 승강기가 없기 때문에 계단으로 올라가야 해요.

□ grenier 그흐니에 n.m. 다락방

□ cave 꺄브 n.f. 지하실

□ toit 뚜아 n.m. 지붕

□ cheminée 슈미네 n.f. 굴뚝

□ plafond 쁠라퐁 n.m. 천장

□ mur 뮈흐 n.m. 벽

Quelle couleur irait bien sur ce mur ?
껠 꿀뢰 이헤 비엉 쒸흐 쓰 뮈흐?
이 벽에 어울리는 색깔이 뭐가 있을까요?

□ sol 쏠 n.m. 바닥

□ salon 쌀롱 n.m. 응접실

□ meuble 뫼블르 n.m. 가구

□ canapé 꺄나뻬 n.m. 소파

□ fauteuil 포뙤이 n.m. 안락의자(1인용)

□ table 따블르 n.f. 탁자, 식탁

□ chaise 쉐즈 n.f. 의자

□ bureau 뷔호 n.m. 책상

J'ai trouvé un bureau d'ordinateur parfait pour ma chambre.
줴 트후베 엉 뷔호 도흐디나뙤 빠흐페 뿌흐 마 샹브(흐)
내 방에 꼭 맞는 컴퓨터용 책상을 찾았어요.

□ rideaux 히도 n.m.pl. 커튼

□ télévision 뗄레비지옹 n.f. 텔레비전

□ lit 리 n.m. 침대

- □ lit de camp 리 드 깡 간이 침대
- □ lit portatif 리 뽀흐따띠프 이동식 침대
- □ lit pliant 리 쁠리앙 접이식 침대
- □ lit de bébé 리 드 베베 요람
- □ lits jumeaux 리 쥐모 트윈 베드

Romain veut changer son lit pliant.
호맹 브 샹제 쏭 리 쁠리엉
로맹은 그의 접이식 침대를 바꾸고 싶어해요.

□ armoire 아흐무아(흐) n.f. 장롱, 옷장

□ placard 쁠라꺄(흐) n.m. 수납장

□ vitrine 비트힌 n.f. 장식장, 진열장

□ tiroir 띠후아 n.m. 서랍

Le tiroir de mon bureau ne s'ouvre pas.
르 띠후아 드 몽 뷔호 느 쑤브(흐) 빠
제 책상 서랍이 열리지 않아요.

□ étagère 에따재(흐) n.f. 선반

□ miroir 미호아 n.m. 거울

□ lampe 랑쁘 n.f. 램프, 전등

□ cintre 쌩트(흐) n.m. (어깨 모양의) 옷걸이

□ cuisine 뀌진 n.f. 부엌

□ réfrigérateur 헤프히제하뙤 n.m. 냉장고
= frigo 프히고 n.m. 냉장고(구어)

Faut-il laver les fruits et légumes avant de les mettre au réfrigérateur ?
포띨 라베 레 프휘 제 레귐 아방 드 레 메트(흐) 오 헤프히제하뙤?
냉장고에 넣기 전 과일과 야채를 씻어야 하나요?

□ cuisinière (à gaz) 뀌지니애(흐) (아 갸즈) n.f. 가스레인지
□ micro-ondes 미크호옹드 n.m. 전자레인지
□ four électrique 푸흐 엘렉트히끄 전기 레인지

□ four 푸흐 n.m. 오븐

Préchauffez le four à deux cent dix degrés celsius.
프헤쇼페 르 푸흐 아 드 썽 디 드그헤 쎌씨위쓰
오븐을 210도로 예열하세요.

□ mixeur 믹쐬 n.m. 믹서

□ grille-pain 그히이빵 n.m. 토스터

□ vaisselle 베쎌 n.f. 설거지, 식기류

□ lave-vaisselle 라브베쎌 n.m. 식기세척기

□ évier 에비에 n.m. 개수대

□ douche 두슈 n.f. 샤워; 샤워기

□ baignoire 베뇨아(흐) n.f. 욕조

□ bain 뱅 n.m. 목욕

Je vais prendre un bain.
즈 베 프헝드(흐) 엉 뱅
목욕하려고 해요.

□ lavabo 라바보 n.m. 세면대

□ robinet 호비네 n.m. 수도꼭지

□ savon 싸봉 n.m. 비누

□ toilettes 뚜알렛뜨 n.f.pl. 화장실

Il est difficile de trouver des toilettes dans Paris.
일 레 디피씰 드 트후베 데 뚜알렛뜨 당 빠히
파리 시내에서 화장실을 찾기가 어렵네요.

□ cuvette 뀌벳뜨 n.f. 변기

□ poubelle 뿌벨 n.f. 휴지통

Il n'a pas encore vidé la poubelle.
일 나 빠 정꼬(흐) 비데 라 뿌벨
그는 아직 휴지통을 비우지 않았어요.

□ nettoyer 넷뚜아이예 v. 청소하다, 깨끗이 하다

Ma femme nettoie la maison.
마 팜 넷뚜아 라 메종
아내는 집을 청소해요.

□ essuyer 에쒸이예 v. 닦다, 털다

□ balayer 발레이예 v. 쓸다, 비질하다

□ aspirateur 아스삐하뙤 n.m. 청소기

□ laver 라베 v. 세탁하다, 씻다

□ lessive 레씨브 n.f. 빨래

□ machine à laver 마쉰 아 라베 세탁기

10. 설거지

꼭! 써먹는 **실전 회화**

Julie Xavier, pourrais-tu faire la vaisselle ?
자비에, 뿌헤뛰 페(흐) 라 베쎌?
자비에, 설거지해 줄 수 있니?

Xavier Non ! J'ai passé toute la journée à nettoyer toutes les chambres et les toilettes !
농! 줴 빠쎄 뚜뜨 라 주흐네 아 네뚜아이예 뚜뜨 레 샹브(흐) 에 레 뚜알렛뜨!
안 돼! 방 전부와 화장실까지 하루 종일 청소했다구!

Julie Oui, mais je dois sortir. Juste pour cette fois s'il te plaît.
위, 메 즈 두아 쏘흐띠. 쥐스뜨 뿌흐 쎗뜨 푸아 실 뜨 쁠레
그래, 하지만 난 나가야 하거든. 한 번만 더 부탁해.

Xavier D'accord, mais juste cette fois-ci.
다꼬(흐), 메 쥐스뜨 쎗뜨 푸아씨
알았어, 하지만 이번만이야.

Unité 11.

 Les vêtements 레 베뜨멍

□ vêtement 베뜨멍
n.m. 옷

□ s'habiller 싸비에
v. 옷을 입다

□ se déshabiller
쓰 데자비에
v. 옷을 벗다

□ pantalon 빵딸롱
n.m. 바지, 긴바지

□ short 쇼흐뜨
n.m. 반바지

□ jeans 진
n.m. 청바지

□ chemise 슈미즈
n.f. 셔츠

□ T-shirt 띠셔흐뜨
n.m. 티셔츠

□ T-shirt sans manches
띠셔흐뜨 쌍 망슈
민소매 셔츠

□ costume 꼬스뜀
n.m. 정장, 양복

□ veste 베스뜨
n.f. 재킷

□ gilet 질레
n.m. 조끼; 카디건

□ pull 쀨
n.m. 스웨터

□ pull à col roulé
쀨 아 꼴 훌레
터틀넥 스웨터

□ blouson 블루종
n.m. 점퍼

□ manteau 망또
n.m. 코트

□ doudoune 두둔
n.f. 패딩

□ sous-vêtement
쑤베뜨멍
n.m. 속옷

□ jupe 쥐쁘
n.f. 치마

□ mini(-)jupe 미니쥐쁘
n.f. 미니스커트

□ robe 호브
n.f. 원피스, 드레스

□ chemisier 슈미지에
n.m. 블라우스

□ lingerie 랭즈히
n.f. 여성 속옷

□ pyjama 삐자마
n.m. 잠옷

□ maillot de bain
마이오 드 뱅
수영복

□ vêtements de sport 베뜨멍 드 스뽀(흐)
운동복

□ imperméable
앵뻬흐메아블르
n.m. 비옷

□ foulard 풀라(흐)
n.m. 스카프, 숄

□ écharpe 에샤흡쁘
n.f. 스카프, 목도리

□ ceinture 썽뛰(흐)
n.f. 허리띠

□ gants 강
n.m.pl. 장갑

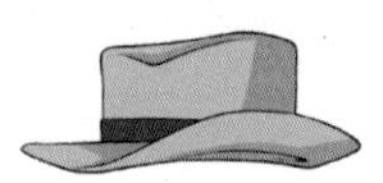

□ chapeau 샤뽀
n.m. (챙이 있는) 모자

□ bonnet 보네
n.m. (챙이 없는) 모자, 비니

□ cravate 크하바뜨
n.f. 넥타이

□ chaussettes 쇼쎗뜨
n.f.pl. 양말

□ chaussures 쇼쒸(흐)
n.f.pl. 신발

□ bottes 봇뜨
n.f.pl. 장화

□ sandales 쌍달
n.f.pl. 샌들

□ pantoufles 빵뚜플
n.f.pl. 슬리퍼, 실내화

□ lunettes 뤼넷뜨
n.f.pl. 안경

□ lunettes de soleil
뤼넷뜨 드 쏠레이 선글라스

□ sac 싸끄
n.m. 가방

□ sac à main
싸끄 아 맹 핸드백

□ valise 발리즈
n.f. 여행용 가방, 트렁크

□ portefeuille
뽀흐뜨푀이
n.m. 지갑

□ bijou 비주,
pl. bijoux 비주
n.m. 보석, 장신구

□ collier 꼴리에
n.m. 목걸이

□ bracelet 브하쓸레
n.m. 팔찌

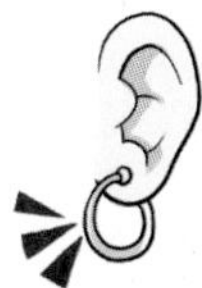

□ boucles d'oreilles
부끌 도헤이 귀걸이

□ bague 바그
n.f. 반지

□ essayer 에쎄이예
v. 시도하다, 착용하다

☐ vêtement 베뜨멍 n.m. 옷

J'achète souvent des vêtements au marché aux puces.
자쉐뜨 쑤벙 데 베뜨멍 오 마흐쉐 오 쀠쓰
저는 벼룩시장에서 옷을 자주 사요.

☐ s'habiller 싸비에 v. 옷을 입다

☐ se déshabiller 쓰 데자비에 v. 옷을 벗다

☐ pantalon 빵딸롱 n.m. 바지, 긴바지

☐ short 쇼흐뜨 n.m. 반바지

Ces temps-ci je porte un short car il fait trop chaud.
쎄 떵씨 즈 뽀흐뜨 엉 쇼흐뜨 꺄흐 일 페 트호 쇼
전 요즘 날씨가 너무 더워서 반바지를 입어요.

☐ jeans 진 n.m. 청바지

☐ costume 꼬스뛰 n.m. 정장, 양복

Je vais déposer ce costume au pressing.
즈 베 데뽀제 쓰 꼬스뛰 오 프헤씽
이 양복은 세탁소에 맡길 거예요.

☐ chemise 슈미즈 n.f. 셔츠

☐ T-shirt 띠셔흐뜨 n.m. 티셔츠

☐ veste 베스뜨 n.f. 재킷

Je préfère mettre la veste noire.
즈 프헤패(흐) 메트(흐) 라 베스뜨 누아(흐)
검은색 재킷 입는 걸 좋아해요.

☐ pull 쀨 n.m. 스웨터

☐ pull à col roulé 쀨 아 꼴 훌레 터틀넥 스웨터

☐ gilet 질레 n.m. 조끼; 카디건

□ blouson 블루종 n.m. 점퍼

Comment nettoyer un blouson en cuir ?
꼬멍 넷뚜아이예 엉 블루종 엉 뀌흐?
가죽점퍼는 어떻게 세탁하나요?

□ manteau 망또 n.m. 코트

□ doudoune 두둔 n.f. 패딩

□ jupe 쥐쁘 n.f. 치마
□ mini(-)jupe 미니쥐쁘 n.f. 미니스커트
□ jupe plissée 쥐쁘 쁠리쎄 주름치마

Elsa porte une jupe verte.
엘싸 뽀흐뜨 윈 쥐쁘 베흐뜨
엘사는 초록색 치마를 입고 있어요.

□ robe 호브 n.f. 원피스, 드레스
□ robe de mariée 호브 드 마히에 웨딩드레스
□ robe habillée 호브 아비이에 정장 드레스
□ robe de soirée 호브 드 쑤아헤 파티 드레스, 야회복

□ chemisier 슈미지에 n.m. 블라우스

□ sous-vêtement 쑤베뜨멍 n.m. 속옷

□ lingerie 랭즈히 n.f. 여성 속옷

Où est le rayon de lingerie fine ?
우 에 르 헤이용 드 랭즈히 핀?
여성용 속옷 코너가 어디에 있나요?

□ pyjama 삐자마 n.m. 잠옷

□ maillot de bain 마이오 드 뱅 수영복

□ vêtements de sport 베뜨멍 드 스뽀(흐) 운동복

□ imperméable 앵뻬흐메아블르 n.m. 비옷

□ foulard 풀라(흐) n.m. 스카프, 숄

tip. 머리나 목을 감을 수 있는 얇은 천으로 된 스카프

Un(e) ami(e) m'a offert un foulard vert et jaune.
엉(윈) 아미 마 오페흐 엉 풀라 베흐 에 존
한 친구가 제게 녹색과 노란색으로 된 스카프를 줬어요.

□ écharpe 에샤흡쁘 n.f. 스카프, 목도리

tip. 목에 둘둘 감을 수 있는 긴 밴드 형태의 스카프

□ ceinture 썽뛰(흐) n.f. 허리띠

□ gants 강 n.m.pl. 장갑

□ chapeau 샤뽀 n.m. (챙이 있는) 모자

Annie a acheté un chapeau pour suivre la tendance.
아니 아 아슈떼 엉 샤뽀 뿌흐 쒸브(흐) 라 떵당쓰
아니는 유행을 따라 모자를 샀어요.

□ bonnet 보네 n.m. (챙이 없는) 모자, 비니

□ cravate 크하바뜨 n.f. 넥타이

□ chaussettes 쇼쎗뜨 n.f.pl. 양말

□ chaussures 쇼쒸(흐) n.f.pl. 신발

□ chaussures à talons 쇼쒸(흐) 아 딸롱 (굽이 있는) 구두

□ chaussures de sport 쇼쒸(흐) 드 스뽀(흐) 운동화

En général, je mets des chaussures de sport.
엉 제네할, 즈 메 데 쇼쒸(흐) 드 스뽀(흐)
저는 주로 운동화를 신어요.

□ bottes 봇뜨 n.f.pl. 장화

□ sandales 쌍달 n.f.pl. 샌들

Je veux trouver des sandales qui me correspondent.
즈 브 트후베 데 쌍달 끼 므 꼬헤스퐁드
제게 어울리는 샌들을 찾고 싶어요.

□ pantoufles 빵뚜플 n.f.pl. 슬리퍼, 실내화

□ lunettes 뤼넷뜨 n.f.pl. 안경

□ lunettes de soleil 뤼넷뜨 드 쏠레이 선글라스

□ sac 싸끄 n.m. 가방

□ sac à dos 싸끄 아 도 배낭

□ sac à main 싸끄 아 맹 핸드백

Mon sac à dos est trop usé.
몽 싸끄 아 도 에 트호 위제
내 배낭은 너무 낡았어요.

□ valise 발리즈 n.f. 여행용 가방, 트렁크

□ portefeuille 뽀흐뜨푀이 n.m. 지갑

J'ai perdu mon portefeuille dans un magasin.
줴 뻬흐뒤 몽 뽀흐뜨푀이 당 정 마가쟁
백화점에서 지갑을 잃어버렸어요.

□ bijou 비주, pl. bijoux 비주 n.m. 보석, 장신구

□ collier 꼴리에 n.m. 목걸이

□ bracelet 브하쓸레 n.m. 팔찌

□ boucles d'oreilles 부끌 도헤이 귀걸이

Mon copain s'est percé les oreilles pour y mettre des boucles d'oreilles.
몽 꼬뺑 쎄 뻬흐쎄 레 조헤이 뿌흐 이 메트(흐) 데 부끌 도헤이
남자 친구는 귀걸이를 하려고 귀를 뚫었어요.

□ bague 바그 n.f. 반지

□ broche 브호슈 n.f. 브로치

□ se démoder 쓰 데모데 v. 유행에 뒤지다

□ s'harmoniser 싸흐모니제 v. 어울리다

□ essayer 에쎄이예 v. 시도하다, 착용하다

□ manche 망슈 n.f. 소매

□ manche courte 망슈 꾸흐뜨 반팔

□ sans manches 쌍 망슈 민소매

□ T-shirt sans manches 띠셔흐뜨 쌍 망슈 민소매 셔츠

□ débardeur 데바흐되 n.m. 여성용 민소매 셔츠

□ marcel 마흐쎌 n.m. 남성용 민소매 셔츠

□ col 꼴 n.m. 옷깃

□ poche 뽀슈 n.f. 주머니

□ fermeture éclair 페흐므뛰(흐) 에끌레 지퍼

□ braguette 브하겟뜨 n.f. 바지 지퍼

La fermeture éclair du blouson est cassée.
라 페흐므뛰(흐) 에끌레 뒤 블루종 에 까쎄
점퍼에 지퍼가 고장 났어요.

□ soie 쑤아 n.f. 실크, 견직물

□ coton 꼬똥 n.m. 면, 면직물

□ laine 렌 n.f. 모직, 양모

Ce pull est tricoté en laine.
쓰 쀨 에 트히꼬떼 엉 렌
이 스웨터는 양모로 짰어요.

□ fibre synthétique 피브(흐) 쌩떼띠끄 합성 섬유

□ cuir 뀌흐 n.m. 가죽, 피혁

□ rayé(e) 헤이예 a. 줄무늬가 있는

□ à carreaux 아 꺄호 격자무늬의, 체크무늬의

Il porte souvent des chemises à carreaux.
일 뽀흐뜨 쑤벙 데 슈미즈 아 꺄호
그는 체크무늬 셔츠를 자주 입어요.

□ à pois 아 뿌아 물방울 무늬의

□ brodé(e) 브호데 a. 수놓인

11. 스웨터

꼭! 써먹는 **실전 회화**

Éric J'ai besoin d'acheter de nouveaux vêtements avant l'hiver.
쥐 브주앙 다슈떼 드 누보 베뜨멍 아방 리베
겨울이 오기 전에 새 옷을 장만해야겠어.

Xavier Tu cherches quelque chose en particulier ?
뛰 쉐흐슈 껠끄 쇼즈 엉 빠흐띠뀔리에?
특별히 찾는 게 있어?

Éric Je voudrais un pull en laine.
즈 부드헤 엉 쀨 엉 렌
난 순모 스웨터를 찾고 있어.

Xavier Dans ce cas tu veux aller faire du shopping ?
당 쓰 꺄 뛰 브 알레 페(흐) 뒤 쇼삥?
그럼 쇼핑하러 갈래?

Unité 12.

음식 Les aliments 레 잘리멍

□ aliment 알리멍
n.m. 음식, 식품

□ viande 비앙드
n.f. 고기

□ bœuf 뵈프
n.m. 쇠고기

□ porc 뽀흐
n.m. 돼지고기

□ poulet 뿔레
n.m. 닭고기

□ agneau 아뇨
n.m. 양고기

□ pâtes 빠뜨
n.f.pl. 파스타

□ farine 파힌
n.f. 밀가루

□ riz 히
n.m. 쌀

□ calmar 깔마
n.m. 오징어

□ crevette 크흐벳뜨
n.f. 새우

□ coquillage 꼬끼이아즈
n.m. 조개

□ poisson 뿌아쏭
n.m. 생선

□ saumon 쏘몽
n.m. 연어

□ thon 똥
n.m. 참치

□ pois 뿌아
n.m. 콩, 완두콩

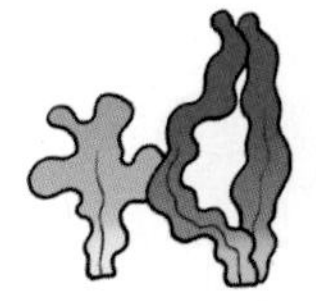

□ algue 알그
n.f. 해초

□ légume 레귐
n.m. 야채

□ oignon 오뇽
n.m. 양파

□ ail 아이
n.m. 마늘

□ laitue 레뛰
n.f. 상추

□ chou 슈
n.m. 양배추

□ épinard 에삐나(흐)
n.m. 시금치

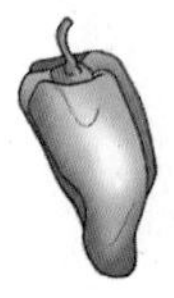

□ poivron 뿌아브홍
n.m. 피망

□ concombre 꽁꽁브(흐)
n.m. 오이

□ aubergine 오베흐진
n.f. 가지

□ tomate 또마뜨
n.f. 토마토

□ maïs 마이쓰
n.m. 옥수수

□ carotte 꺄홋뜨
n.f. 당근

□ radis 하디
n.m. 래디시, 빨간 무

□ fruit 프휘
n.m. 과일

□ pomme 뽐
n.f. 사과

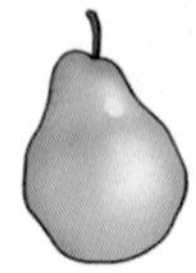

□ poire 뿌아(흐)
n.f. 배

□ fraise 프헤즈
n.f. 딸기

□ framboise 프항부아즈
n.f. 산딸기

□ orange 오항즈
n.f. 오렌지

□ raisin 헤쟁
n.m. 포도

□ pêche 뻬슈
n.f. 복숭아

□ banane 바난
n.f. 바나나

□ pastèque 빠스떼끄
n.f. 수박

□ cerise 쓰히즈
n.f. 체리

□ mangue 망그
n.f. 망고

□ abricot 아브히꼬
n.m. 살구

□ melon 믈롱
n.m. 멜론

□ ananas 아나나
n.m. 파인애플

□ boisson 부아쏭
n.f. 음료

□ lait 레
n.m. 우유

□ vin 뱅
n.m. 와인, 포도주

□ sel 쎌
n.m. 소금

□ sucre 쒸크(흐)
n.m. 설탕

□ poivre 뿌아브(흐)
n.m. 후추

□ assiette 아씨엣뜨
n.f. 접시

□ plateau 쁠라또
n.m. 쟁반

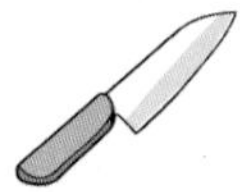

□ couteau 꾸또
n.m. 칼

□ casserole 꺄쓰홀
n.f. 냄비

□ poêle 뿌알
n.f. 프라이팬

□ couper 꾸뻬
v. 썰다, 자르다

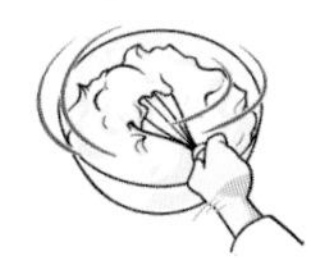

□ mélanger 멜랑제
v. 섞다

□ blanchir 블랑쉬
v. 데치다

□ faire bouillir
페(흐) 부이
끓이다, 삶다

□ faire sauter
페(흐) 쏘떼 볶다

□ rôtir 호띠
v. 굽다

□ faire frire 페(흐) 프히(흐)
튀기다

□ aliment 알리멍 n.m. 음식, 식품

□ repas 흐빠 n.m. 식사

□ viande 비앙드 n.f. 고기

- □ bœuf 뵈프 n.m. 쇠고기
- □ porc 뽀흐 n.m. 돼지고기
- □ poulet 뿔레 n.m. 닭고기
- □ agneau 아뇨 n.m. 양고기

J'ai besoin de conseil pour faire cuire du bœuf.
줴 브주앙 드 꽁쎄이 뿌흐 페(흐) 뀌(흐) 뒤 뵈프
쇠고기를 굽는 데 조언이 필요해요.

□ pâtes 빠뜨 n.f.pl. 파스타

□ farine 파힌 n.f. 밀가루

□ riz 히 n.m. 쌀

□ calmar 깔마 n.m. 오징어

□ crevette 크흐벳뜨 n.f. 새우

□ coquillage 꼬끼이아즈 n.m. 조개

□ poisson 뿌아쏭 n.m. 생선

□ anchois 앙슈아 n.m. 멸치류

□ saumon 쏘몽 n.m. 연어

□ thon 똥 n.m. 참치

Thierry a réussi à faire de la salade de thon.
띠에히 아 헤위씨 아 페(흐) 들 라 쌀라드 드 똥
티에리는 참치 샐러드를 만드는 데 성공했어요.

□ pois 뿌아 n.m. 콩, 완두콩

Les enfants n'aiment pas les pois.
레 정팡 넴 빠 레 뿌아
아이들은 완두콩을 싫어해요.

□ algue 알그 n.f. 해초

□ légume 레귐 n.m. 야채

Il lave tous les légumes puis épluche l'oignon.
일 라브 뚜 레 레귐 쀠 에쁠뤼슈 로뇽
그는 야채를 모두 씻고 양파 껍질을 벗겨요.

□ oignon 오뇽 n.m. 양파

Pourquoi les oignons font pleurer quand on les coupe ?
뿌흐꾸아 레 조뇽 퐁 쁠뢰헤 깡 똥 레 꾸쁘?
왜 양파를 자를 땐 눈물이 날까요?

□ ail 아이 n.m. 마늘

□ laitue 레뛰 n.f. 상추

□ chou 슈 n.m. 양배추

□ épinard 에삐나(흐) n.m. 시금치

□ piment 삐멍 n.m. 고추

□ poivron 뿌아브홍 n.m. 피망

□ concombre 꽁꽁브(흐) n.m. 오이

□ aubergine 오베흐진 n.f. 가지

□ chou-fleur 슈플뢰 n.m. 콜리플라워

□ brocoli 브호꼴리 n.m. 브로콜리

□ tomate 또마뜨 n.f. 토마토

Coupez les tomates en quartiers.
꾸뻬 레 또마뜨 엉 꺄흐띠에
토마토는 4등분하세요.

□ maïs 마이쓰 n.m. 옥수수

□ olive 올리브 n.f. 올리브

□ carotte 꺄홋뜨 n.f. 당근

□ radis 하디 n.m. 래디시, 빨간 무

□ pomme de terre 뽐 드 떼(흐) 감자

□ patate 빠따뜨 n.f. 고구마, 감자(구어)

□ fruit 프휘 n.m. 과일

□ mûr(e) 뮈흐 a. 익은, 성숙한 n.f. 블랙베리, 오디

J'ai acheté des pêches bien mûres.
줴 아슈떼 데 뻬슈 비엉 뮈(흐)
아주 잘 익은 복숭아를 샀어요.

□ pomme 뽐 n.f. 사과

□ poire 뿌아(흐) n.f. 배

□ fraise 프헤즈 n.f. 딸기

□ framboise 프항부아즈 n.f. 산딸기

□ orange 오항즈 n.f. 오렌지

□ raisin 헤잼 n.m. 포도

□ pêche 뻬슈 n.f. 복숭아

□ banane 바난 n.f. 바나나

□ pastèque 빠스때끄 n.f. 수박

□ cerise 쓰히즈 n.f. 체리

□ mangue 망그 n.f. 망고

□ abricot 아브히꼬 n.m. 살구

□ citron 씨트홍 n.m. 레몬

□ melon 믈롱 n.m. 멜론

□ figue 피그 n.f. 무화과

□ avocat 아보꺄 n.m. 아보카도

□ clémentine 끌레멍띤 n.f. 귤

□ ananas 아나나 n.m. 파인애플

□ boisson 부아쏭 n.f. 음료

Que prendrez-vous comme boisson ?
끄 프헝드헤부 꼼 부아쏭?
음료는 무엇으로 하시겠어요?

□ eau 오 n.f. 물

□ bouteille 부떼이 n.f. 병, 술병

Apportez-moi une bouteille d'eau, s'il vous plaît.
아뽀흐떼무아 윈 부떼이 도, 씰 부 쁠레
물 한 병 주세요.

□ lait 레 n.m. 우유

□ vin 뱅 n.m. 와인, 포도주

□ épice 에삐쓰 n.f. 양념

□ sel 쎌 n.m. 소금

□ sucre 쒸크(흐) n.m. 설탕

N'ajoutez pas de sucre dans mon café.
나주떼 빠 드 쒸크(흐) 당 몽 까페
제 커피엔 설탕 넣지 마세요.

□ poivre 뿌아브(흐) n.m. 후추

□ vinaigre 비네그(흐) n.m. 식초

□ sauce soja 쏘쓰 쏘자 간장

□ huile 윌 n.f. 기름

□ huile animale 윌 아니말 동물성 기름
□ huile végétale 윌 베제딸 식물성 기름
□ huile d'olive 윌 돌리브 올리브유

□ mayonnaise 메이요네즈 n.f. 마요네즈

□ moutarde 무따흐드 n.f. 겨자, 머스터드

□ ketchup 켓셥 n.m. 케첩

□ miel 미엘 n.m. 꿀

□ confiture 꽁피뛰(흐) n.f. 잼

C'est la première fois que je réussis une confiture de fraises.
쎄 라 프흐미애(흐) 푸아 끄 즈 헤위씨 윈 꽁피뛰(흐) 드 프헤즈
딸기잼 만드는 데 성공한 건 처음이에요.

□ beurre 뵈(흐) n.m. 버터

□ pâte 빠뜨 n.f. 반죽

□ faire la cuisine 페(흐) 라 뀌진 요리하다

□ recette 흐쎗뜨 n.f. 요리법

Ma mère connait une bonne recette pour faire les tartes aux pommes.
마 매(흐) 꼬네 윈 본 흐쎗뜨 뿌흐 페(흐) 레 따흐뜨 오 뽐
우리 어머니는 맛있는 사과파이 요리법을 알고 계세요.

□ éplucher 에쁠뤼쉐 v. 껍질을 벗기다

□ couper 꾸뻬 v. 썰다, 자르다

□ hacher 아쉐 v. 다지다

□ mélanger 멜랑제 v. 섞다

□ verser 베흐쎄 v. 따르다, 붓다

□ cuire 뀌(흐) v. 익히다, 굽다

□ rôtir 호띠 v. 굽다

tip. cuire와 rôtir는 같은 '굽다'라는 뜻이지만 약간의 차이가 있습니다. cuire는 '각종 식재료를 요리하여 익힌다'라는 뜻으로 쓰이며, rôtir는 주로 '고기 등을 불에 굽는다'는 뜻으로 씁니다.

□ faire sauter 페(흐) 쏘떼 볶다

□ faire bouillir 페(흐) 부이 끓이다, 삶다

Faites bouillir le lait environ 10 minutes.
페뜨 부이 르 레 엉비롱 디 미뉘뜨
우유를 10분 정도 끓이세요.

□ faire frire 페(흐) 프히(흐) 튀기다

□ blanchir 블랑쉬 v. 데치다

□ brûler 브휠레 v. 태우다

□ préchauffer 프헤쇼페 v. 예열하다

□ ramollir 하몰리 v. 녹이다, 부드럽게 하다

Faites ramollir le beurre à température ambiante.
페뜨 하몰리 르 뵈(흐) 아 떵뻬하뛰(흐) 앙비앙뜨
버터를 실온에 녹이세요.

□ congeler 꽁즐레 v. 냉동시키다

□ décongeler 데꽁즐레 v. 해동시키다

J'ai décongelé de la viande.
줴 데꽁즐레 들 라 비앙드
고기를 해동했어요.

□ couteau 꾸또 n.m. 칼

□ planche à découper 쁠랑슈 아 데꾸뻬 도마

□ louche 루슈 n.f. 국자

Pour que la soupe se mélange, il faut la tourner avec une louche.
뿌흐 끄 라 수쁘 쓰 멜랑즈, 일 포 라 뚜흐네 아베끄 윈 루슈
수프가 잘 섞이도록 국자로 저어 주어야 해요.

□ casserole 꺄쓰홀 n.f. 냄비

□ poêle 뿌알 n.f. 프라이팬

□ bol 볼 n.m. 사발, 대접

□ couvert 꾸베(흐) n.m. 식기, (각 사람분의) 식기 한 벌

tip. couvert는 식사 도구인 각종 포크와 나이프, 스푼 일체를 가리킵니다.
한식 밥상이라면 숟가락과 젓가락도 couvert라 할 수 있지요.

□ mettre le couvert 메트(흐) 르 꾸베(흐) 식탁을 차리다, 식사를 준비하다

□ assiette 아씨엣뜨 n.f. 접시

Laissez votre assiette vide sur le côté droit.
레쎄 보트(흐) 아씨엣뜨 비드 쒸흐 르 꼬떼 드후아
다 먹은 접시는 오른쪽에 두세요.

□ plateau 쁠라또 n.m. 쟁반

12. 저녁 메뉴

꼭! 써먹는 **실전 회화**

Julie Qu'est-ce qu'on mange ce soir ?
께스꽁 망즈 쓰 쑤아?
오늘 저녁에 뭐 먹을까?

Xavier Et si on commandait une pizza ?
에 씨 옹 꼬망데 윈 삐자?
피자 시킬까?

Julie Non, il n'y a rien à manger dans le réfrigérateur ?
농, 일 니 아 히엉 아 망제 당 르 헤프히제하뙤?
싫어, 냉장고엔 먹을 거 없어?

Xavier Il y a du bœuf. Je vais en rôtir.
일 리 아 뒤 뵈프. 즈 베 정 호띠
쇠고기가 있어. 그거 구울게.

Unité 13.

취미 Les loisirs 레 루아지(흐)

□ passe-temps 빠스떵
n.m. 취미, 오락

□ sport 스뽀(흐)
n.m. 운동

□ gymnase 짐나즈
n.m. 체육관

□ jogging 조깅
n.m. 조깅

□ nage 나즈
n.f. 수영

□ tennis 떼니쓰
n.m. 테니스

□ badminton 바드민똔
n.m. 배드민턴

□ football 풋볼
n.m. 축구

□ base-ball 베이스볼
n.m. 야구

□ basket(-ball)
바스께(볼)
n.m. 농구

□ volley-ball 볼레볼
n.m. 배구

□ ping-pong 삥뽕
n.m. 탁구

□ yoga 요가
n.m. 요가

□ golf 골프
n.m. 골프

□ ski 스끼
n.m. 스키

□ musique 뮈지끄
n.f. 음악

□ chanson 샹쏭
n.f. 노래

□ chanteur 샹뙤, chanteuse 샹뙤즈
n. 가수

□ jouer 주에
v. 연주하다; 놀다

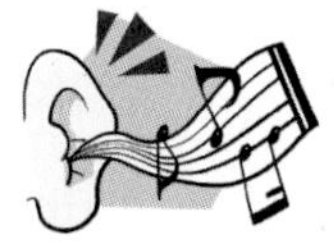

□ écouter 에꾸떼
v. 듣다

□ instrument 앵스트휘멍
n.m. 악기

□ piano 삐아노
n.m. 피아노

□ violon 비올롱
n.m. 바이올린

□ violoncelle 비올롱쎌
n.m. 첼로

□ flûte 플뤼뜨
n.f. 플루트

□ guitare 기따(흐)
n.f. 기타

□ tambour 땅부
n.m. 드럼, 북

□ concert 꽁쎄(흐)
n.m. 콘서트

□ opéra 오뻬하
n.m. 오페라

□ comédie musicale
꼬메디 뮈지깔 뮤지컬

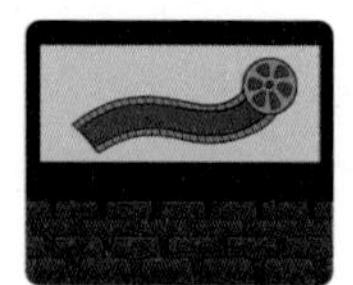

□ film 필므 n.m. 영화

□ cinéma 씨네마 n.m. 영화관

□ voir un film 부아 엉 필므 영화를 보다

□ film d'action 필므 닥씨옹
액션 영화

□ film d'épouvante
필므 데뿌방뜨 공포 영화

□ film d'animation 필므 다니마씨옹
만화 영화

□ film de science-fiction
필므 드 씨엉쓰픽씨옹 공상 과학 영화

□ film de divertissement
필므 드 디베흐띠쓰멍 오락 영화

□ film documentaire
필므 도뀌멍떼(흐) 기록 영화, 다큐멘터리

□ réalisateur 헤알리자뙤,
réalisatrice 헤알리자트히쓰
n. 영화 감독

□ acteur 악뙤, actrice 악트히쓰
n. 배우

□ livre 리브(흐) n.m. 책

□ lire 리(흐) v. 읽다

□ roman 호망 n.m. 소설

□ poème 뽀앰 n.m. 시

□ essai 에쎄 n.m. 수필

□ magazine 마가진
n.f. (그림·사진이 실린) 잡지

□ librairie 리브헤히
n.f. 서점

□ photographie 포또그하피
n.f. 사진, 사진 촬영

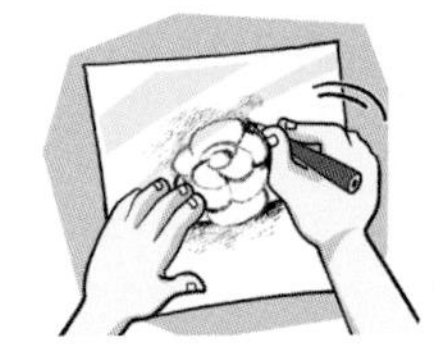

□ dessiner 데씨네
v. 그림 그리다

□ jeu 즈
n.m. 게임

□ échecs 에쉐끄
n.m.pl. 체스

□ randonnée 항도네
n.f. (가벼운) 등산, 산책

□ promenade 프호므나드
n.f. 산책

□ camping 깡삥
n.m. 캠핑, 야영

□ pêche 뻬슈
n.f. 낚시

□ bricolage 브히꼴라즈
n.m. 공작, 목공

□ jardinage 자흐디나즈
n.m. 정원 가꾸기

□ collection 꼴렉씨옹
n.f. 수집

□ tricoter 트히꼬떼
v. 뜨개질하다

□ loisirs 루아지(흐) n.m.pl. 취미, 여가활동

□ passe-temps 빠스떵 n.m. 취미, 오락

Quel est votre passe-temps ?
껠 레 보트(흐) 빠쓰떵?
취미가 뭐예요?

tip. passe-temps은 복수 불변인 명사로, 복수형으로 쓸 때도 끝에 s를 붙이지 않습니다.

□ sport 스뽀(흐) n.m. 운동

□ faire du sport 페(흐) 뒤 스뽀(흐) 운동하다

□ match 마치 n.m. 경기, 시합

□ courir 꾸히 v. 달리다, 뛰다

□ jogging 조깅 n.m. 조깅

Louise fait du jogging chaque matin.
루이즈 페 뒤 조깅 샤끄 마땡
루이즈는 아침마다 조깅을 해요.

□ gymnase 짐나즈 n.m. 체육관

□ centre de remise en forme 썽트흐 드 흐미즈 엉 포흠므 헬스클럽

□ nager 나제 v. 수영하다

□ nage 나즈 n.f. 수영

Comme sport d'été, je préfère la nage.
꼼 스뽀(흐) 데떼, 즈 프헤패(흐) 라 나즈
여름 스포츠 중에서는 수영을 제일 좋아해요.

□ piscine 삐씬 n.f. 수영장

□ ballon 발롱 n.m. 공

☐ raquette 하껫뜨 n.f. 라켓

☐ tennis 떼니쓰 n.m. 테니스

Elle aime enfin faire du tennis.
엘 엠 엉팽 페(흐) 뒤 떼니쓰
그녀는 이제야 테니스에 푹 빠졌어요.

☐ badminton 바드민똔 n.m. 배드민턴

☐ football 풋볼 n.m. 축구

☐ base-ball 베이스볼 n.m. 야구

Il aime autant regarder que jouer au base-ball.
일 렘 오땅 흐갸흐데 끄 주에 오 베이스볼
그는 야구 경기 보는 것 뿐만 아니라 하는 것도 좋아해요.

☐ basket(-ball) 바스께(볼) n.m. 농구

Ce garçon fait du basket tous les après-midis.
쓰 갸흐쏭 페 뒤 바스께 뚜 레 자프해미디
그 소년은 오후마다 농구 경기를 해요.

☐ volley-ball 볼레볼 n.m. 배구

☐ ping-pong 삥뽕 n.m. 탁구

☐ yoga 요가 n.m. 요가

☐ golf 골프 n.m. 골프

Elle s'est mise au golf depuis la semaine dernière.
엘 쎄 미즈 오 골프 드쀠 라 쓰멘 데흐니애(흐)
그녀는 지난주부터 골프를 치기 시작했어요.

☐ cyclisme 씨끌리즘 n.m. 자전거 경기

☐ boxe 복쓰 n.f. 권투

□ski 스끼 n.m. 스키

□patin à glace 빠땡 아 글라쓰 스케이트

Tu veux aller faire du patin à glace avec moi ?
뛰 브 알레 페(흐) 뒤 빠땡 아 글라쓰 아베끄 무아?
나랑 스케이트 타러 갈래?

□patiner 빠띠네 v. 스케이트 타다

□patinoire 빠띠누아(흐) n.f. 아이스링크

□patins à roues 빠땡 아 후 롤러스케이트

□rollers en ligne 홀레 엉 린뉴 인라인스케이트

□musique 뮈지끄 n.f. 음악

J'aime écouter de la musique.
젬 에꾸떼 들 라 뮈지끄
음악 듣는 걸 좋아해요.

□chanson 샹쏭 n.f. 노래, 곡

□chanter 샹떼 v. 노래하다

□chanteur 샹뙤, chanteuse 샹뙤즈 n. 가수

Qui est votre chanteur préféré ?
끼 에 보트(흐) 샹뙤 프헤페헤?
좋아하는 가수는 누구인가요?

□paroles 빠홀 n.f.pl. 가사

□mélodie 멜로디 n.f. 멜로디, 곡조

□composer 꽁뽀제 v. 작곡하다

□compositeur 꽁뽀지뙤, compositrice 꽁뽀지트히쓰 n. 작곡가

□ disque 디스끄 n.m. 음반

□ jouer 주에 v. 연주하다

Pouvez-vous jouer un morceau de musique pour moi ?
뿌베부 주에 엉 모흐쏘 드 뮈지끄 뿌흐 무아?
제게 한 곡 연주해 주실래요?

□ écouter 에꾸떼 v. 듣다

□ genre 정(흐) n.m. 장르

J'écoute n'importe quel genre de musique.
제꾸뜨 냉뽀흐뜨 껠 정(흐) 드 뮈지끄
전 어떤 음악이든 장르에 상관없이 들어요.

□ instrument 앵스트휘멍 n.m. 악기

De quel instrument jouez-vous ?
드 껠 랭스트휘멍 주에부?
다룰 줄 아는 악기가 있으세요?

□ piano 삐아노 n.m. 피아노

Je joue un peu de piano.
즈 주 엉 쁘 드 삐아노
피아노를 좀 칠 줄 알아요.

□ violon 비올롱 n.m. 바이올린

□ violoncelle 비올롱쎌 n.m. 첼로

□ flûte 플뤼뜨 n.f. 플루트

□ harpe 아흐쁘 n.f. 하프

□ guitare 기따(흐) n.f. 기타

□ tambour 땅부 n.m. 드럼, 북

□ concert 꽁쎄(흐) n.m. 콘서트

Je vais voir un concert au moins une fois par mois.
즈 베 부아 엉 꽁쎄(흐) 오 무앙 윈 푸아 빠흐 무아
적어도 한 달에 한 번 콘서트에 가요.

□ orchestre 오흐께스트(흐) n.m. 오케스트라

□ chef d'orchestre 쉐프 도흐께스트(흐) (오케스트라) 지휘자

□ opéra 오뻬하 n.m. 오페라

□ comédie musicale 꼬메디 뮈지꺌 뮤지컬

Son passe-temps est d'aller voir des comédies musicales.
쏭 빠쓰떵 에 달레 부아 데 꼬메디 뮈지꺌
그는 뮤지컬 보러 가는 게 취미예요.

□ film 필므 n.m. 영화

□ film d'action 필므 닥씨옹 액션 영화
□ film d'animation 필므 다니마씨옹 만화 영화
□ film de divertissement 필므 드 디베흐떠쓰멍 오락 영화
□ film d'épouvante 필므 데뿌방뜨 공포 영화
□ film de science-fiction 필므 드 씨엉쓰픽씨옹 공상 과학 영화
□ film documentaire 필므 도뀌멍떼(흐) 기록 영화, 다큐멘터리

□ voir un film 부아 엉 필므 영화를 보다

□ cinéma 씨네마 n.m. 영화관

Quels films y a-t-il au cinéma ?
껠 필므 이아띨 오 씨네마?
지금 극장에서 무슨 영화를 하나요?

□ sortie 쏘흐띠 n.f. 개봉

□ réalisateur 헤알리자뙤, réalisatrice 헤알리자트히쓰 n. 영화 감독

□ acteur 악뙤, actrice 악트히쓰 n. 배우

□ livre 리브(흐) n.m. 책

□ lire 리(흐) v. 읽다

Je lis environ deux livres par mois.
즈 리 엉비홍 두 리브(흐) 빠흐 무아
한 달에 두 권 정도는 읽어요.

□ librairie 리브헤히 n.f. 서점

□ écrire 에크히(흐) v. (글을) 쓰다

□ roman 호망 n.m. 소설
□ poème 뽀앰 n.m. 시
□ essai 에쎄 n.m. 수필
□ magazine 마가진 n.f. (그림·사진이 실린) 잡지
□ revue 흐뷔 n.f. 잡지, 정기 간행물

□ écrivain 에크히뱅 n.m. 작가
= auteur 오뙤 n.m.
□ romancier 호망씨에, romancière 호망씨애(흐) n. 소설가
□ poète 뽀애뜨 n.m. 시인
□ essayiste 에쎄이스뜨 n. 수필가

Daniel voulait devenir écrivain depuis son enfance.
다니엘 불레 드브니 에크히뱅 드쀠 쏘 넝팡쓰
다니엘은 어릴 적부터 작가가 되고 싶었어요.

□ photographie 포또그하피 n.f. 사진, 사진 촬영
= photo 포또 n.f.
□ appareil photo 아빠헤이 포또 카메라
□ prendre des photos 프헝드(흐) 데 포또 사진을 찍다

J'ai commencé à prendre des photos avec l'appareil photo que mon père m'a offert.
줴 꼬멍쎄 아 프헝드(흐) 데 포또 아베끄 라빠헤이 포또 끄 몽 빼(흐) 마 오페
아버지가 주신 카메라로 사진을 찍기 시작했어요.

□ dessiner 데씨네 v. 그림 그리다

□ peintre 빵트(흐) n.m. 화가

Je ne dessine pas bien, mais je suis un peintre amateur.
즈 느 데씬 빠 비엉, 메 즈 쒸 엉 빵트(흐) 아마뙤
잘 그리진 못하지만 저는 아마추어 화가예요.

□ couleur 꿀뢰 n.f. 색; 물감

□ pinceau 빵쏘 n.m. 붓

□ toile 뚜알 n.f. 캔버스

□ jeu 즈 n.m. 게임

□ échecs 에쉐끄 n.m.pl. 체스

□ dé 데 n.m. 주사위

Albert Einstein a dit "Dieu ne joue pas aux dés".
알버트 아인슈타인 아 디 "디으 느 주 빠 오 데".
알버트 아인슈타인은 "신은 주사위 놀이를 하지 않는다"고 말했다.

□ alpinisme 알삐니즘 n.m. 등산, 등반

□ randonnée 항도네 n.f. (가벼운) 등산, 산책

□ promenade 프호므나드 n.f. 산책

L'autonme est une saison parfaite pour faire une promenade sur les quais de Seine.
로똔 에 뛴 쎄종 빠흐페뜨 뿌흐 페(흐) 윈 프호므나드 쒸흐 레 께 드 쎈
가을은 세느 강변을 산책하기에 가장 좋은 계절이지요.

□ camping 깡삥 n.m. 캠핑, 야영

□ pêche 뻬슈 n.f. 낚시

□ bricolage 브히꼴라즈 n.m. 공작, 목공

□ art floral 아흐 플로할 꽃꽂이

□ jardiner 자흐디네 v. 정원을 가꾸다

□ jardinage 자흐디나즈 n.m. 정원 가꾸기

Je passe beaucoup de temps à faire du jardinage.
즈 빠쓰 보꾸 드 떵 아 페(흐) 뒤 자흐디나즈
저는 정원 가꾸며 시간을 보낼 때가 많아요.

□ collection 꼴렉씨옹 n.f. 수집

□ tricoter 트히꼬떼 v. 뜨개질하다

꼭! 써먹는 **실전 회화**

13. 기타

Julie Qu'est-ce que tu fais quand tu as du temps ?
께스끄 뛰 페 깡 뛰 아 뒤 떵?
넌 시간 있을 때 뭐 해?

Léa Je joue de la guitare.
즈 주 들 라 기따(흐)
난 기타를 쳐.

Julie Génial ! Peux-tu jouer un morceau de musique pour moi ?
제니알! 쁘뛰 주에 엉 모흐쏘 드 뮈지끄 뿌흐 무아?
멋지다! 나한테 한 곡 연주해 줄 수 있어?

Léa En fait, je n'ai commencé que récemment. Je ne sais jouer qu'un petit peu.
엉 페뜨, 즈 네 꼬멍쎄 끄 헤싸멍. 즈 느 쎄 주에 껑 쁘띠 쁘
사실, 나 최근에야 배우기 시작했어. 겨우 연주만 할 줄 알아.

Unité 14.

전화 & 인터넷 Le téléphone et l'Internet 르 뗄레폰 에 랭떼흐네뜨

□ **téléphone** 뗄레폰
n.m. 전화

□ **téléphone portable**
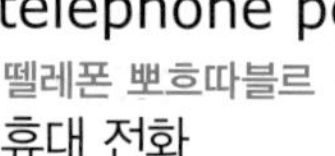
뗄레폰 뽀흐따블르
휴대 전화

□ **smartphone**
스마흐뜨폰
n.m. 스마트폰

□ **téléphoner** 뗄레포네
v. 전화 걸다

□ **raccrocher** 하크호쉐
v. 전화를 끊다

□ **texto** 떽스또
= **SMS** 에쓰엠에쓰
n.m. 문자 메시지

□ **sonnerie** 쏘느히
n.f. 벨(소리)

□ **allumer** 알뤼메
v. 켜다

□ **éteindre** 에땡드(흐)
v. 끄다

□ **batterie** 밧뜨히
n.f. 배터리

□ **charger** 샤흐제
v. 충전하다

□ **se décharger**
쓰 데샤흐제
v. 방전되다

□ envoyer 엉부아이예
v. 보내다

□ visiophonie 비지오포니
n.f. 영상 통화

□ internet 앵떼흐네뜨
n.m. 인터넷

□ réseau 헤조
n.m. 네트워크

□ wi-fi 위피
와이파이, 무선 네트워크

□ se connecter 쓰 꼬넥떼
v. 접속하다, 로그인하다

□ compte 꽁뜨
n.m. 계정

□ accès 악쌔
n.m. 접속

□ courrier électronique
꾸히에 엘렉트호니끄 이메일

□ télécharger 뗄레샤흐제
v. 다운로드하다

□ jeu en ligne 즈 엉 린뉴
온라인 게임

□ achat en ligne 아샤 엉 린뉴
온라인 쇼핑

□ ordinateur 오흐디나뙤
n.m. 컴퓨터

□ écran 에크항 n.m. 모니터, 화면

□ bureau 뷔호 n.m. 바탕 화면

□ clavier 끌라비에
n.m. 키보드, 자판

□ taper 따뻬
v. (키보드를) 치다, 입력하다

□ souris 쑤히
n.f. 마우스

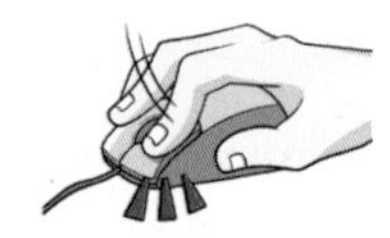

□ cliquer 끌리께
v. 클릭하다, 마우스를 누르다

□ disque dur 디스끄 뒤흐
하드 디스크

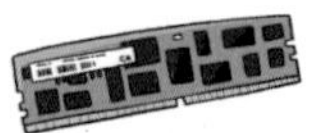

□ mémoire vive 메무아(흐) 비브
램(RAM)

□ programme 프호그함
n.m. 프로그램

□ installer 앵스딸레
v. 설치하다

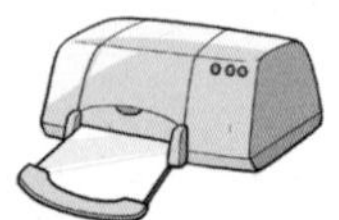

□ imprimante 앵프히망뜨
n.f. 프린터

□ webcam 웹깜
n.f. 웹캠

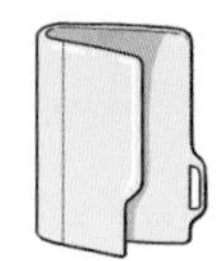

□ dossier 도씨에
n.m. 폴더

□ sauvegarder 쏘브갸흐데
v. 저장하다

□ sécurité 쎄뀌히떼
n.f. 보안

□ réseaux sociaux
헤조 쏘씨오
소셜 네트워크, SNS

□ ordinateur portable
오흐디나뙤 뽀흐따블르
노트북 컴퓨터

□ fichier 피쉬에
n.m. 파일

□ effacer 에파쎄
v. 지우다

□ virus informatique
비휘쓰 앵포흐마띠크
컴퓨터 바이러스

□ spam 스빰
n.m. 스팸 메일

□ blog 블로그
n.m. 블로그

□ tablette tactile 따블렛뜨 딱띨
= tablette électronique
따블렛뜨 엘렉트호니끄
= tablette 따블렛뜨
n.f. 태블릿 PC

□ téléphone 뗄레폰 n.m. 전화

La ligne coupe souvent quand je suis au téléphone.
라 린뉴 꾸쁘 쑤벙 깡 즈 쒸 조 뗄레폰
통화할 때 소리가 자꾸 끊겨요.

□ téléphone portable 뗄레폰 뽀흐따블르 휴대 전화

Pourriez-vous me donner votre numéro de téléphone portable ?
뿌히에부 므 도네 보트(흐) 뉘메호 드 뗄레폰 뽀흐따블르?
휴대 전화 번호를 알려 주시겠어요?

□ smartphone 스마흐뜨폰 n.m. 스마트폰

□ téléphoner 뗄레포네 v. 전화 걸다

□ raccrocher 하크호쉐 v. 전화를 끊다

Il m'a raccroché au nez.
일 마 하크호쉐 오 네
그가 이야기 도중에 전화를 끊어 버렸어요.

□ message 메싸즈 n.m. 메시지

Vous désirez laisser un message ?
부 데지헤 레쎄 엉 메싸즈?
메시지를 남기시겠어요?

□ texto 떽스또 n.m. 문자 메시지
= SMS 에쓰엠에쓰 n.m.

□ sonnerie 쏘느히 n.f. 벨(소리)

J'ai changé de sonnerie (téléphonique).
줴 샹제 드 쏘느히 (뗄레포니끄)
(전화) 벨소리를 바꿨어요.

□ batterie 밧뜨히 n.f. 배터리

□ charger 샤흐제 v. 충전하다

□ se décharger 쓰 데샤흐제 v. 방전되다

La batterie s'est déchargée trop rapidement.
라 밧뜨히 쎄 데샤흐제 트호 하삐드멍
배터리가 너무 빨리 방전되었어요.

□ allumer 알뤼메 v. 켜다

□ éteindre 에땡드(흐) v. 끄다

□ envoyer 엉부아이예 v. 보내다

Envoyez-moi un texto.
엉부아이예무아 엉 떽스또
저에게 문자 보내 주세요.

□ visiophonie 비지오포니 n.f. 영상 통화

□ visiophone 비지오폰 n.m. 영상 전화기

□ wi-fi 위피 와이파이, 무선 네트워크

□ internet 앵떼흐네뜨 n.m. 인터넷

À cause d'un problème de réseau, on ne peut pas utiliser Internet pour le moment.
아 꼬즈 덩 프호블램 드 헤조, 옹 느 쁘 빠 위띨리제 앵떼흐네뜨 뿌흐 르 모멍
네트워크 문제로 지금은 인터넷을 쓸 수 없어요.

□ réseau 헤조 n.m. 네트워크

□ se connecter 쓰 꼬넥떼 v. 접속하다, 로그인하다

□ courrier électronique 꾸히에 엘렉트호니끄 이메일
= e-mail 이멜 n.m.

Je vous ferai parvenir les détails par mail.
즈 부 프헤 빠흐브니 레 데따이 빠흐 멜
자세한 이야기는 이메일로 전달할게요.

tip. e-mail을 줄여서 mail로 쓰기도 합니다.

□ en ligne 엉 린뉴 온라인

□ jeu en ligne 즈 엉 린뉴 온라인 게임

□ achat en ligne 아샤 엉 린뉴 온라인 쇼핑

Je fais souvent des achats en ligne.
즈 페 쑤벙 데 자샤 엉 린뉴
전 온라인 쇼핑을 자주 해요.

□ accès 악쌔 n.m. 접속

□ compte 꽁뜨 n.m. 계정

J'ai trois comptes de courrier électronique.
줴 트후아 꽁뜨 드 꾸히에 엘렉트호니끄
저는 메일 계정이 세 개예요.

□ s'inscrire 쌩스크히(흐) v. 가입하다

□ télécharger 뗄레샤흐제 v. 다운로드하다

J'ai téléchargé la dernière version de Windows.
줴 뗄레샤흐제 라 데흐니애(흐) 베흐지옹 드 윈도즈
윈도우 최신 버전을 다운받았어요.

□ ordinateur 오흐디나뙤 n.m. 컴퓨터

□ installer 앵스딸레 v. 설치하다

□ écran 에크항 n.m. 모니터, 화면

□ clavier 끌라비에 n.m. 키보드, 자판

□ taper 따뻬 v. (키보드를) 치다, 입력하다

Il ne fait que taper au clavier toute la journée.
일 느 페 끄 따뻬 오 끌라비에 뚜뜨 라 주흐네
그는 하루 종일 키보드만 두드리고 있어요.

tip. 프랑스의 키보드는 영어식 QWERTY 자판이 아닌 AZERTY 자판을 씁니다.

·**Verr Maj** = verrouillage des majuscules
: 대문자 입력 잠금

·**Suppr arrière** = supprimer arrière
: 뒤로 삭제

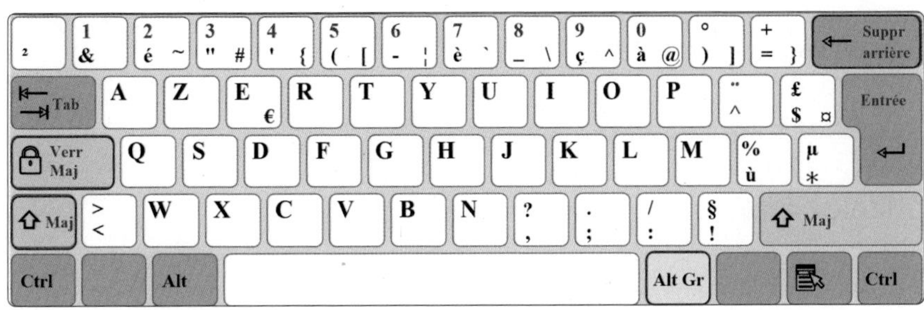

·**Maj** = majuscule : 대문자 입력

·**Alt Gr** = alternate graphic(s)
: 기호로 교체(ctrl+alt와 동일 기능)

□ souris 쑤히 n.f. 마우스

J'ai changé de souris pour une sans fil.
줴 샹제 드 쑤히 뿌흐 윈 쌍 필
무선 마우스로 바꿨어요.

□ tapis de souris 따삐 드 쑤히 마우스 패드

□ cliquer 끌리께 v. 클릭하다, 마우스를 누르다

□ disque dur 디스끄 뒤흐 하드 디스크

□ mémoire vive 메무아(흐) 비브 램(RAM)

□ programme 프호그함 n.m. 프로그램

Grâce au programme Excel, il est facile de ranger les données.
그하쓰 오 프호그함 엑셀, 일 레 파씰 드 항제 레 도네
엑셀 프로그램 덕분에 자료를 쉽게 정리할 수 있어요

□ imprimante 앵프히망뜨 n.f. 프린터

Comme c'est une imprimante laser, elle imprime bien.
꼼 쎄 뛴 앵프히망뜨 라제, 엘 앵프힘 비엉
레이저 프린터라 인쇄가 잘 돼요.

□ scanner 스깨네 n.m. 스캐너

□ webcam 웹깜 n.f. 웹캠

□ bureau 뷔호 n.m. 바탕 화면

□ dossier 도씨에 n.m. 폴더

□ fichier 피쉬에 n.m. 파일

□ sauvegarder 쏘브갸흐데 v. 저장하다

J'ai sauvegardé le fichier dans un dossier sur le bureau.
줴 소브갸흐데 르 피쉬에 당 정 도씨에 쒸흐 르 뷔호
바탕 화면에 있는 폴더에 파일을 저장했어요.

□ effacer 에파쎄 v. 지우다

Effacez les programmes inutiles.
에파쎄 레 프호그함 지뉘띨
쓸모없는 프로그램은 삭제하세요.

□ sécurité 쎄뀌히떼 n.f. 보안

□ virus informatique 비휘쓰 앵포흐마띠크 컴퓨터 바이러스

Mon ordinateur est infecté par un virus informatique.
몽 오흐디나뙤 에 땡펙떼 빠흐 엉 비휘쓰 앵포흐마띠끄
제 컴퓨터는 (컴퓨터) 바이러스에 감염되었어요.

□ spam 스빰 n.m. 스팸 메일

□ bloquer 블로께 v. 차단하다

□ réseaux sociaux 헤조 쏘씨오 소셜 네트워크, SNS

Je pense que les réseaux sociaux sont une perte de temps.
즈 빵쓰 끄 레 헤조 쏘씨오 쏭 뛴 뻬흐뜨 드 떵
전 SNS가 시간 낭비라고 생각해요.

□ blog 블로그 n.m. 블로그

□ ordinateur portable 오흐디나뙤 뽀흐따블르 노트북 컴퓨터

□ tablette tactile 따블렛뜨 딱띨 태블릿 PC
= tablette électronique 따블렛뜨 엘렉트호니끄
= tablette 따블렛뜨 n.f.

□ pratique 프하띠끄 a. 편리한, 실용적인

Les tablette sont plus pratiques que les ordinateurs portables.
레 따블렛뜨 쏭 쁠뤼 프하띠끄 끄 레 조흐디나뙤 뽀흐따블르
태블릿 PC가 노트북 컴퓨터보다 더 편리해요.

□ utile 위띨 a. 유용한

14. 이메일

꼭! 써먹는 **실전 회화**

M. Tellier Je vous ai envoyé un mail.
L'avez-vous reçu ?
즈 부 제 엉부아이예 엉 메일. 라베부 흐쒸?
제가 이메일 보냈는데 받았어요?

Xavier Non, pas encore.
농, 빠 정꼬(흐)
아뇨, 아직이요.

M. Tellier Merci de me répondre dès que vous l'aurez reçu.
메흐씨 드 므 헤뽕드(흐) 데 끄 부 로헤 흐쒸
메일을 받으면 답장 부탁해요.

Exercice

다음 단어를 읽고 맞는 뜻과 연결하세요.

1. aliment •	• 가구
2. chambre •	• 물
3. chaussures •	• 방
4. eau •	• 신발
5. internet •	• 옷
6. livre •	• 운동
7. maison •	• 음식, 식품
8. meuble •	• 인터넷
9. ordinateur •	• 전화
10. sport •	• 집
11. téléphone •	• 책
12. vêtement •	• 컴퓨터

1. aliment – 음식, 식품 2. chambre – 방 3. chaussures – 신발 4. eau – 물
5. internet – 인터넷 6. livre – 책 7. maison – 집 8. meuble – 가구
9. ordinateur – 컴퓨터 10. sport – 운동 11. téléphone – 전화 12. vêtement – 옷

Chapitre 05

Unité 15.

학교 L'école 레꼴

□ école 에꼴
n.f. 학교

□ professeur 프호페쐬
n.m. 교사, 선생님

□ école élémentaire
에꼴 엘레멍떼(흐)
= école primaire 에꼴 프히메(흐)
초등학교

□ collège 꼴래즈 n.m. 중학교

□ élève 엘래브
n. 학생 (중학교 이하)

□ lycée 리쎄 n.m. 고등학교

□ lycéen 리쎄엉, lycéenne 리쎄엔
n. 고등학생

□ université 위니베흐씨떼 n.f. 대학교

□ étudiant(e) 에뛰디엉(뜨) n. 대학생

□ aller à l'école 알레 아 레꼴
등교하다

□ sortir de l'école 쏘흐띠 드 레꼴
하교하다

□ être en retard 에트(흐) 엉 흐따(흐)
늦다, 지각하다

□ sortir avant l'heure
쏘흐띠 아방 뢰(흐) 조퇴하다

□ classe 끌라쓰
n.f. 교실, 수업

□ cours 꾸흐
n.m. 강의 (고등학교 또는 대학교)

□ programme 프호그함
n.m. 수업 계획, 교과 범위, 시험 범위

□ manuel 마뉘엘
= livre scolaire 리브(흐) 스꼴레(흐)
n.m. 교과서

□ cahier 꺄이에
n.m. 공책, 노트

□ prendre des notes
프헝드(흐) 데 노뜨 필기하다

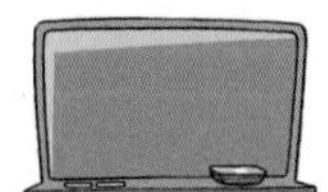

□ tableau 따블로
n.m. 칠판

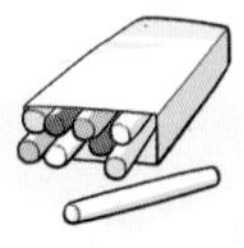

□ craie 크헤
n.f. 분필

□ éponge 에뽕즈
n.f. 칠판 지우개, 스폰지

□ crayon 크헤이용
n.m. 연필

□ stylo 스띨로
n.m. 펜

□ gomme 곰
n.f. 지우개

□ enseigner 엉쎄녜
v. 가르치다

□ apprendre 아프헝드(흐)
v. 배우다

□ étudier 에뛰디에
v. 공부하다

□ devoir 드부아
n.m. 숙제

□ rapport 하뽀(흐)
n.m. 보고서, 리포트

□ remettre 흐메트(흐)
= rendre 헝드(흐)
v. 제출하다

□ examen 에그자멍
n.m. 시험

□ passer un examen
빠쎄 엉 네그자멍
시험을 치르다

□ évaluer 에발뤼에
v. 평가하다

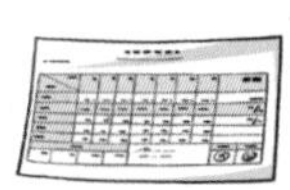

□ note 노뜨
n.f. 점수, 성적

□ bulletin 뷜땡
n.m. 성적표

□ simple 쌩쁠
= facile 파씰
a. 쉬운

□ difficile 디피씰
= compliqué(e) 꽁쁠리께
a. 어려운

□ diplôme 디쁠롬
n.m. 학위

□ bourse 부흐쓰
n.f. 장학금

□ autobus scolaire
오또뷔쓰 스꼴레(흐)
통학 버스

□ bicyclette 비씨끌렛뜨
n.f. 자전거

□ aller à pied 알레 아 삐에
걸어서 가다

□ repos 흐뽀
n.m. 휴식

□ vacances d'été 바깡쓰 데떼
= grandes vacances 그항드 바깡쓰
여름 방학

□ vacances d'hiver 바깡쓰 디베
겨울 방학

□ bibliothèque 비블리오때끄
n.f. 도서관

□ lecture 렉뛰(흐)
n.f. 독서

□ école 에꼴 n.f. 학교

À quelle heure dois-tu arriver à l'école ?
아 껠 뢰(흐) 두아뛰 아히베 아 레꼴?
몇 시에 등교하니?

□ études 에뛰드 n.f.pl. 학업

□ école élémentaire 에꼴 엘레멍떼(흐) 초등학교
= école primaire 에꼴 프히메(흐)

□ collège 꼴래즈 n.m. 중학교

□ lycée 리쎄 n.m. 고등학교

Sa fille est entrée au lycée.
싸 피이 에 떵트헤 오 리쎄
그의 딸이 고등학교에 입학했어요.

□ université 위니베흐씨떼 n.f. 대학교

□ faculté 파뀔떼 n.f. 단과 대학

□ se spécialiser 쓰 스뻬씨알리제 v. 전공하다

□ professeur 프호페쐬 n.m. 교사, 선생님

□ élève 엘래브 n. 학생(중학교 이하)

□ lycéen 리쎄엉, lycéenne 리쎄엔 n. 고등학생

□ étudiant(e) 에뛰디엉(뜨) n. 대학생
□ camarade d'école 꺄마하드 데꼴 동창생
□ aîné(e) 에네 a. 손위의 n. 선배, 상급자
□ cadet 꺄데, cadette 꺄뎃뜨 a. 손아래의 n. 후배, 하급자

tip. 프랑스에서는 나이에 따른 위계를 굳이 따지지 않기 때문에 선배, 후배라는 말은 자주 사용하지 않는답니다.

□ s'inscrire à 쌩스크히(흐) 아 등록하다, 가입하다

Il n'a pas encore décidé s'il voulait s'inscrire à l'université.
일 나 빠 정꼬(흐) 데씨데 씰 불레 쌩스크히(흐) 아 뤼니베흐씨떼
그는 대학에 진학할지 고민하고 있어요.

□ entrer à l'école 엉트헤 아 레꼴 입학하다
□ entrée (à l'école) 엉트헤 (아 레꼴) n.f. 입학
□ admission 아드미씨옹 n.f. 입학 허가

□ terminer ses études 떼흐미네 쎄 제뛰드 졸업하다
= finir ses études 피니 쎄 제뛰드
□ fin d'études 팽 데뛰드 졸업

Quand termines-tu tes études ?
깡 떼흐민뛰 떼 제뛰드?
언제 졸업하니?

□ aller à l'école 알레 아 레꼴 등교하다
□ sortir de l'école 쏘흐띠 드 레꼴 하교하다
□ être en retard 에트(흐) 엉 흐따(흐) 늦다, 지각하다
□ sortir avant l'heure 쏘흐띠 아방 뢰(흐) 조퇴하다
= sortir en avance 쏘흐띠 어 나방쓰

□ aller à pied 알레 아 삐에 걸어서 가다

Je vais à l'école à pied.
즈 베 자 레꼴 아 삐에
저는 학교까지 걸어서 가요.

□ autobus scolaire 오또뷔쓰 스꼴레(흐) 통학 버스

□ bicyclette 비씨끌렛뜨 n.f. 자전거

□ semestre 쓰메스트(흐) n.m. 학기

□ classe 끌라쓰 n.f. 교실, 수업

□ cours 꾸흐 n.m. 강의(고등학교 또는 대학교)

□ programme 프호그함 n.m. 수업 계획, 교과 범위, 시험 범위

□ enseigner 엉쎄녜 v. 가르치다

□ apprendre 아프헝드(흐) v. 배우다

□ étudier 에뛰디에 v. 공부하다

= travailler 트하바이에

□ réviser 헤비제 v. 복습하다

□ préparer 프헤빠헤 v. 예습하다

Je vais devoir travailler plus dur pour l'examen final.
즈 베 드부아 트하바이에 쁠뤼 뒤흐 뿌흐 레그자멍 피날
기말고사는 더 열심히 공부해야겠어요.

□ question 께스띠옹 n.f. 질문

□ réponse 헤뽕쓰 n.f. 답변

□ calculer 깔뀔레 v. 계산하다

= compter 꽁떼

□ calculatrice 깔뀔라트히쓰 n.f. 계산기

□ chiffre 쉬프(흐) n.m. 숫자

□ matière 마띠애(흐) n.f. 과목

□ mathématiques 마떼마띠끄 n.f.pl. 수학

□ science 씨엉쓰 n.f. 과학

□ chimie 쉬미 n.f. 화학

□ physique 피지끄 n.f. 물리학

□ biologie 비올로지 n.f. 생물학

□ géologie 제올로지 n.f. 지질학

□ histoire 이스뚜아(흐) n.f. 역사

- □ géographie 제오그하피 n.f. 지리
- □ musique 뮈지끄 n.f. 음악
- □ arts plastiques 아흐 쁠라스띠끄 미술
- □ éducation physique et sportive (E.P.S.) 에뒤꺄씨옹 피지끄 에 스뽀흐띠브(으뻬에쓰) 체육
- □ anglais 앙글레 n.m. 영어
- □ français 프항쎄 n.m. 프랑스어

Je pense que le français est plus difficle à apprendre que l'anglais.
즈 빵쓰 끄 르 프항쎄 에 쁠뤼 디피씰 아 아프헝드(흐) 끄 랑글레
프랑스어가 영어보다 배우기 더 어려운 것 같아요.

□ tableau 따블로 n.m. 칠판
- □ craie 크헤 n.f. 분필
- □ éponge 에뽕즈 n.f. 칠판 지우개, 스폰지

□ manuel 마뉘엘 n.m. 교과서
= livre scolaire 리브(흐) 스꼴레(흐)

J'ai perdu tous mes livres scolaire dans le gymnase.
줴 뻬흐뒤 뚜 메 리브(흐) 스꼴레(흐) 당 르 짐나즈
체육관에서 내 교과서를 전부 잃어버렸어요.

□ cahier 꺄이에 n.m. 공책, 노트

□ crayon 크헤이용 n.m. 연필
- □ stylo 스띨로 n.m. 펜
- □ stylo plume 스띨로 쁠륌 만년필
- □ stylo à bille 스띨로 아 비이 볼펜

□ prendre des notes 프헝드(흐) 데 노뜨 필기하다

□ gomme 곰 n.f. 지우개

□ correcteur liquide 꼬헥뙤 리끼드 수정액

□ devoir 드부아 n.m. 숙제

□ faire des devoirs 페(흐) 데 드부아 숙제하다

□ rapport 하뽀(흐) n.m. 보고서, 리포트

□ remettre 흐메트(흐) v. 제출하다

= rendre 헝드(흐)

□ examen 에그자멍 n.m. 시험

□ passer un examen 빠쎄 어 네그자멍 시험을 치르다

□ simple 쌩쁠 a. 쉬운

= facile 파씰

□ difficile 디피씰 a. 어려운

= compliqué(e) 꽁쁠리께

□ note 노뜨 n.f. 점수, 성적

□ bulletin 뷜땡 n.m. 성적표

□ moyenne 무아이옌 n.f. 평균(점수)

□ crédit 크헤디 n.m. 학점

□ évaluer 에발뤼에 v. 평가하다

□ diplôme 디쁠롬 n.m. 학위

□ bourse 부흐쓰 n.f. 장학금

Je ne peux pas avoir de bourse car mes notes sont trop basses.
즈 느 뻐 빠 아부아 드 부흐쓰 꺄흐 메 노뜨 쏭 트호 바쓰
성적이 낮아서 장학금을 받을 수 없어요.

□ se reposer 쓰 흐뽀제 v. 쉬다

□ repos 흐뽀 n.m. 휴식

□ pause 뽀즈 n.f. 일시적 중지, (짧은) 휴식

□ récréation 헤크헤아씨옹 n.f. (초등학교) 쉬는 시간

□ vacances (scolaires) 바깡쓰 (스꼴레(흐)) n.f.pl. 방학

□ vacances d'été 바깡쓰 데떼 여름 방학
= grandes vacances 그항드 바깡쓰
□ vacances d'hiver 바깡쓰 디베 겨울 방학
□ vacances de Noël 바깡쓰 드 노엘 크리스마스 방학
□ vacances de printemps 바깡쓰 드 프행떵 봄 방학

□ bibliothèque 비블리오때끄 n.f. 도서관

□ lecture 렉뛰(흐) n.f. 독서

□ activité récréative 악띠비떼 헤크헤아띠브 클럽 활동

□ institut 앵스띠뛰 n.m. 연구소, 사설 학원

15. 시험 결과

꼭! 써먹는 **실전 회화**

Lucas J'ai raté l'examen partiel.
쥐 하떼 레그자멍 빠흐씨엘
중간고사를 망쳤어.

Max Moi aussi.
Je ne suis pas content de mes résultats d'examens.
무아 오씨. 즈 느 쒸 빠 꽁떵 드 메 헤쥘따 데그자멍
나도야. 시험 결과가 만족스럽지 않아.

Lucas Je vais devoir travailler plus dur pour l'examen final.
즈 베 드부아 트하바이에 쁠뤼 뒤흐 뿌흐 레그자멍 피날
기말고사는 더 열심히 공부해야겠어.

Max Bon courage !
봉 꾸하즈!
힘내자!

Unité 16.

직장 Le travail 르 트하바이

□ travail 트하바이
n.m. 일, 근무

□ bureau 뷔호
n.m. 사무실

□ emploi 엉쁠루아
n.m. 일자리, 직장

□ lieu de travail 리으 드 트하바이
직장

□ aller au bureau 알레 오 뷔호
출근하다

□ sortir du bureau 쏘흐띠 뒤 뷔호
퇴근하다

□ salaire 쌀레(흐) n.m. 월급

□ rémunération 헤뮈네하씨옹
n.f. 보수

□ prime 프힘
n.f. 보너스

□ démissionner 데미씨오네
v. 사직하다

□ être licencié(e) 에트(흐) 리썽씨에
v. 해고되다

□ employeur 엉쁠루아이외,
employeuse 엉쁠루아이으즈
n. 고용주

□ employé(e) 엉쁠루이예
n. 직원, 피고용인

□ congé 꽁제
n.m. 휴가

□ congé payé 꽁제 뻬이예
유급 휴가

□ demande d'emploi
드망드 덩쁠루아 구직

□ annonce d'offres d'emploi
아농쓰 도프(흐) 덩쁠루아 구인 광고

□ entretien (d'embauche)
엉트흐띠엉 (덩보슈)
n.m. 면접

□ congé parental 꽁제 빠헝딸
육아 휴직

□ congé de maternité
꽁제 드 마떼흐니떼
(여성에게 주어지는) 출산 휴가

□ lettre de motivation
레트(흐) 드 모띠바씨옹 지원서

□ CV 쎄베
(curriculum vitæ 뀌히뀔럼 비떼)
n.m. 이력서

□ expérience 엑스뻬히엉쓰
n.f. 경력

□ formation 포흐마씨옹
n.f. 교육

□ métier 메띠에 n.m.
= profession 프호페씨옹 n.f. 직업

□ procureur 프호뀌회
n.m. 검사

□ avocat 아보꺄
n. 변호사

□ architecte 아흐쉬떽뜨
n. 건축가

□ policier 뽈리씨에,
policière 뽈리씨애(흐)
n. 경찰관

□ pompier 뽕삐에
n.m. 소방관

□ postier 뽀스띠에,
postière 뽀스띠애(흐)
n. 우체부

□ journaliste
주흐날리스뜨
n. 기자

□ secrétaire
쓰크헤떼(흐)
n. 비서

□ ingénieur 앵제니외
n. 엔지니어

□ plombier 쁠롱비에
n.m. 배관공

□ cuisinier 뀌지니에,
cuisinière 뀌지니애(흐)
n. 요리사

□ boulanger 불랑제, boulangère 불랑재(흐)
n. 제빵사

□ serveur 쎄흐뵈, serveuse 쎄흐브즈
n. 웨이터, 종업원

□ garçon 갸흐쏭
n.m. 웨이터

□ médecin 메드쌩
n.m. 의사

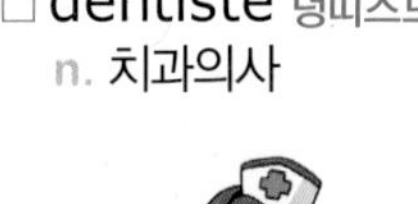

□ dentiste 덩띠스뜨
n. 치과의사

□ vétérinaire 베떼히네(흐)
n. 수의사

□ pharmacien 파흐마씨엉, pharmacienne 파흐마씨엔
n. 약사

□ infirmier 앵피흐미에, infirmière 앵피흐미애(흐)
n. 간호사

□ attaché(e) de presse 아따쉐 드 프헤쓰
언론 담당자

□ fermier 페흐미에, fermière 페흐미애(흐)
n. 농부

□ coiffeur 꾸아푀, coiffeuse 꾸아프즈
n. 미용사, 이발사

□ fleuriste 플뢰히스뜨
n. 플로리스트, 꽃장수

□ chercheur 쉐흐쇠
n. 연구원

□ travail 트하바이 n.m. 일, 근무

Pierre est toujours stressé par son travail.
삐에(흐) 에 뚜주(흐) 스트헤쎄 빠흐 쏭 트하바이
피에르는 항상 일 때문에 스트레스를 받아요.

□ lieu de travail 리으 드 트하바이 직장

□ bureau 뷔호 n.m. 사무실

□ tâche 따슈 n.f. 업무, 일

□ service du personnel 쎄흐비쓰 뒤 뻬흐쏘넬 인사부

□ service des affaires générales 쎄흐비쓰 데 자페(흐) 제네할 총무부

□ service commercial 쎄흐비쓰 꼬메흐씨알 영업부

□ service du marketing 쎄흐비쓰 뒤 마흐께띵 마케팅부

□ service recherche-développement 쎄흐비쓰 흐쉐흐슈데벨롭쁘멍 연구개발부

□ dossier 도씨에 n.m. 서류

Il y a beaucoup de dossiers qui s'accumulent.
일 리 아 보꾸 드 도씨에 끼 싸뀌뮐
서류가 잔뜩 쌓여 있네요.

□ réunion 헤위니옹 n.f. 회의

□ réunion hebdomadaire 헤위니옹 엡도마데(흐) 주간 회의

□ réunion mensuelle 헤위니옹 멍쒸엘 월간 회의

□ salle de réunion 쌀 드 헤위니옹 회의실

□ présentation 프헤정따씨옹 n.f. 발표, 프리젠테이션

□ collègue 꼴래그 n. 동료

□ poste 뽀스뜨 n.m. 직위

□ directeur général 디헥뙤 제네할 사장

□ directeur général adjoint 디헥뙤 제네할 아드주앙 부사장

□ directeur 디헥뙤 n. 부장, 국장
□ sous-directeur 쑤디헥뙤 n. 차장
□ chef de bureau 쉐프 드 뷔호 과장
□ chef en second 쉐프 엉 쓰공 대리
□ employé(e) 엉쁠루아이예 n. 사원

□ promotion 프호모씨옹 n.f. 승진

Ça fait plus d'un an que j'ai demandé une promotion.
싸 페 쁠뤼 더 낭 끄 줴 드망데 윈 프호모씨옹
승진 신청을 한 지 1년도 더 됐어요.

□ salaire 쌀레(흐) n.m. 월급
= rémunération 헤뮈네하씨옹 n.f.
□ salaire brut 쌀레(흐) 브휘뜨 총 급여
□ salaire net 쌀레(흐) 네뜨 실수령 급여
□ salaire moyen 쌀레(흐) 무아이영 평균 급여
□ salaire minimum 쌀레(흐) 미니뭄 최저 임금
= SMIC 스믹 (salaire minimum interprofessionnel de croissance 쌀레(흐) 미니멈 앵떼흐프호페씨오넬 드 크후아쌍쓰)

Quel est le salaire moyen ?
껠 레 르 쌀레흐 무아이영?
평균 급여가 어떻게 되나요?

□ indemnité 앵뎀니떼 n.f. 수당

□ prime 프힘 n.f. 보너스
□ compensation 꽁뻥싸씨옹 n.f. 상여금

J'ai reçu une prime de fin d'année.
줴 흐쒸 윈 프힘 드 팽 다네
연말 보너스를 받았어요.

□ aller au bureau 알레 오 뷔호 출근하다

□ covoiturage 꼬부아뛰하즈 n.m. 카풀

□ bondé(e) 봉데 a. 만원인, 가득 찬

□ heures de pointe 외(흐) 드 뿌앙뜨 교통 혼잡 시간대

Le métro est toujours bondé aux heures de pointes.
르 메트호 에 뚜주(흐) 봉데 오 죄(흐) 드 뿌앙뜨
출퇴근 시간에 지하철은 항상 만원이에요.

□ sortir du bureau 쏘흐띠 뒤 뷔호 퇴근하다

□ grève 그해브 n.f. 파업

□ prendre sa retraite 프헝드(흐) 싸 흐트헤뜨 퇴직하다
- □ retraite 흐트헤뜨 n.f. 정년퇴직
- □ retraite anticipée 흐트헤뜨 앙띠씨뻬 조기 퇴직

□ démissionner 데미씨오네 v. 사직하다
- □ démission 데미씨옹 n.f. 사표, 사직서

Luc a donné sa démission.
뤼끄 아 도네 싸 데미씨옹
뤽은 사표를 냈어요.

□ être licencié(e) 에트(흐) 리썽씨에 해고되다
- □ restructuration 흐스트휙뛰하씨옹 n.f. 구조 조정

□ congé 꽁제 n.m. 휴가
- □ congé parental 꽁제 빠헝딸 육아 휴직
- □ congé payé 꽁제 뻬이예 유급 휴가
- □ congé de maladie 꽁제 드 말라디 병가
- □ congé de paternité 꽁제 드 빠떼흐니떼 (남성) 출산 휴가
- □ congé de maternité 꽁제 드 마떼흐니떼 (여성) 출산 휴가

□ emploi 엉쁠루아 n.m. 일자리, 직장

□ employeur 엉쁠루아이외, employeuse 엉쁠루아이으즈 n. 고용주

□ employé(e) 엉쁠루이예 n. 직원, 피고용인

□ métier 메띠에 n.m. 직업
= profession 프호페씨옹 n.f.

J'ai bien réfléchis et je souhaite changer de métier.
쥀 비엉 헤플레쉬 에 즈 수에뜨 샹제 드 메띠에
여러 번 심사숙고해도 직업을 바꾸고 싶어요.

□ entreprise 엉트흐프히즈 n.f. 회사, 기업

□ vendeur 벙되, vendeuse 벙드즈 n. 판매원, 상인

□ programmeur 프호그하뫼, programmeuse 프호그하므즈 n. 프로그래머

□ procureur 프호뀌회 n.m. 검사

□ avocat 아보꺄 n. 변호사

□ comptable 꽁따블르 n. 회계사

□ policier 뽈리씨에, policière 뽈리씨애(흐) n. 경찰관

□ pompier 뽕삐에 n.m. 소방관

□ postier 뽀스띠에, postière 뽀스띠애(흐) n. 우체부

□ journaliste 주흐날리스뜨 n. 기자

Je voudrais devenir journaliste pour magazine de mode.
즈 부드헤 드브니 주흐날리스뜨 뿌흐 마갸진 드 모드
저는 패션 잡지 기자가 되고 싶어요.

□ attaché(e) de presse 아따쉐 드 프헤쓰 (정부 기관·기업의) 언론 담당자

□ ingénieur 앵제니외 n. 엔지니어

□ plombier 쁠롱비에 n.m. 배관공

□ cuisinier 뀌지니에, cuisinière 뀌지니애(흐) n. 요리사

□ pâtissier 빠띠씨에, pâtissière 빠띠씨애(흐) n. 제과업자

□ boulanger 불랑제, boulangère 불랑재(흐) n. 제빵사

□ serveur 쎄흐뵈, serveuse 쎄흐브즈 n. 웨이터, 종업원
= garçon 갸흐쏭 n.m.

□ médecin 메드쌩 n.m. 의사

□ vétérinaire 베떼히네(흐) n. 수의사

□ dentiste 덩띠스뜨 n. 치과의사

□ infirmier 앵피흐미에, infirmière 앵피흐미애(흐) n. 간호사

□ pharmacien 파흐마씨엉, pharmacienne 파흐마씨엔 n. 약사

□ architecte 아흐쉬떽뜨 n. 건축가

J'ai décidé de changer de carrière d'ingénieur à architecte.
줴 데씨데 드 샹제 드 꺄히애(흐) 댕제니외 아 아흐쉬떽뜨
전 엔니어에서 건축가로 직업을 바꾸기로 결정했어요.

□ coiffeur 꾸아푀, coiffeuse 꾸아프즈 n. 미용사, 이발사

□ fleuriste 플뢰히스뜨 n. 플로리스트, 꽃장수

□ fermier 페흐미에, fermière 페흐미애(흐) n. 농부

□ chercheur 쉐흐쇠 n. 연구원

□ secrétaire 쓰크헤떼(흐)(흐) n. 비서

□ demande d'emploi 드망드 덩쁠루아 구직

□ annonce d'offres d'emploi 아농쓰 도프(흐) 덩쁠루아 구인 광고

□ lettre de motivation 레트(흐) 드 모띠바씨옹 지원서

□ CV 쎄베(curriculum vitæ 뀌히뀔럼 비떼) n.m. 이력서

□ expérience 엑스뻬히엉쓰 n.f. 경력

□ formation 포흐마씨옹 n.f. 교육

□ entretien (d'embauche) 엉트흐띠엉 (덩보슈) n.m. 면접

J'ai passé un entretien (d'embauche) chez B.
쥐 빠쎄 어 넝트흐띠엉 (덩보슈) 쉐 베
저는 B사에서 면접을 봤어요.

16. 보너스

꼭! 써먹는 **실전 회화**

Julie J'ai reçu une prime de fin d'année !
쥐 흐쒸 윈 프힘 드 퍙 다네
연말 보너스를 받았어!

Xavier C'est bien pour toi. Je t'envie.
쎄 비엉 뿌흐 뚜아. 즈 떵비.
잘 되었네. 부럽다.

Julie Ça ne va pas ?
싸 느 바 빠?
무슨 일 있어?

Xavier Mon employeur a supprimé mes primes.
모 넝쁠루아이와 아 쒸프히메 메 프힘
사장이 내 보너스를 없앴어.

Unité 17.

음식점 & 카페 Le restaurant et le café 레 헤스또항 에 르 까페

□ restaurant 헤스또항
n.m. 음식점

□ menu 므뉘
n.m. 메뉴, 식단

□ plat principal 쁠라 프랭씨빨
메인 요리

□ steak 스떼끄
n.m. 스테이크

□ dessert 데쎄(흐)
n.m. 디저트, 후식

□ accompagnement 아꽁빠뉴멍
n.m. 곁들임 채소, 사이드 메뉴

□ réservation 헤제흐바씨옹
n.f. 예약

□ commander 꼬망데
v. 주문하다, 지시하다

□ recommandable 흐꼬망다블르
a. 추천할 만한

□ choisir 슈아지
v. 선택하다

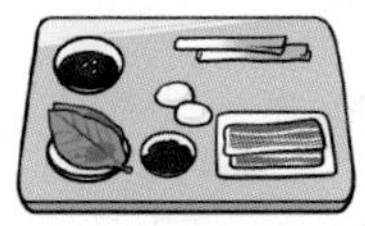

□ composition 꽁뽀지씨옹 n.f.
= ingrédients 앵그헤디엉 n.m.pl.
재료, 구성

□ entrecôte 엉트흐꼬뜨
n.f. 등심

□ frites 프리뜨
n.f.pl. 감자튀김

□ soupe 수쁘
n.f. 수프

□ fruits de mer 프휘 드 메흐
해산물

□ champignon 샹삐뇽
n.m. 버섯

□ truffe 트휘프
n.f. 트러플, 송로버섯

□ escargot 에스까흐고
n.m. 달팽이

□ foie gras 푸아 그하
푸아그라

□ glace 글라쓰
n.f. 아이스크림

□ fromage 프호마즈
n.m. 치즈

□ café 꺄페
n.m. 카페, 커피

□ thé 떼
n.m. 차

□ jus 쥐
n.m. 주스

□ limonade 리모나드
n.f. 탄산음료, 레몬수

□ alcool 알꼴
n.m. 술, 알코올

□ bière 비애(흐)
n.f. 맥주

□ verre 베(흐)
n.m. (유리)잔, 글라스

□ paille 빠이
n.f. 빨대

□ glaçon 글라쏭
n.m. (조각) 얼음

□ pain 빵 n.m. 빵

□ baguette 바겟뜨
n.f. 바게트; 막대

□ croissant 크후아쌍
n.m. 크루아상; 초승달

□ gâteau 갸또
n.m. 케이크, 과자

□ cookie 꾸끼
n.m. 쿠키

□ addition 아디씨옹
n.f. 계산서

□ serviette 쎄흐비엣뜨
n.f. 냅킨

□ fourchette 푸흐쉣뜨
n.f. 포크

□ cuillère 뀌이애(흐)
n.f. 숟가락

□ baguettes 바겟뜨
n.f.pl. 젓가락

□ cuillère à café
뀌이애(흐) 아 꺄페 찻숟가락

□ saveur 싸뵈
n.m. 맛

□ salé(e) 쌀레
a. 짠

□ sucré(e) 쒸크헤
a. 달콤한, 단

□ amer 아메, amère 아매(흐)
a. 쓴, 씁쓸한

□ aigre 에그(흐)
a. 신, 시큼한

□ piquant(e) 삐깡(뜨)
a. 매운

□ restaurant 헤스또항 n.m. 음식점

Je cherche un restaurant calme pour deux personnes.
즈 쉐흐슈 엉 헤스또항 깔므 뿌흐 드 뻬흐쏜
두 사람이 조용히 식사할 수 있는 곳을 찾고 있어요.

□ plat 쁠라 n.m. 접시; (한 가지) 요리

□ menu 므뉘 n.m. 메뉴, 식단

□ apéritif 아뻬히띠프 n.m. 식전주, 아페리티프

□ entrée 엉트헤 n.f. 전채

Comme entrée, je vais prendre une terrine de gascogne.
꼼 엉트헤, 즈 베 프헝드(흐) 윈 떼힌 드 가스꼬뉴
전채로 가스코뉴식 테린을 하겠습니다.

□ plat principal 쁠라 프행씨빨 메인 요리
- □ steak 스떼끄 n.m. 스테이크

□ cuisson 뀌쏭 n.f. 익히기, 굽기
- □ bleu 블르 레어
- □ saignant 쎄냥 미디엄 레어
- □ à point 아 뿌앙 미디엄
- □ bien cuit 비엉 뀌 웰던

□ dessert 데쎄(흐) n.m. 디저트, 후식

□ accompagnement 아꽁빠뉴멍 n.m. 곁들임 채소, 사이드 메뉴

□ réservation 헤제흐바씨옹 n.f. 예약

Je voudrais faire une réservation pour sept heures ce soir.
즈 부드헤 페(흐) 윈 헤제흐바씨옹 뿌흐 쎄 뙤(흐) 쓰 쑤아
오늘 저녁 7시 예약하고 싶은데요.

□ recommandable 흐꼬망다블르 a. 추천할 만한

□ commander 꼬망데 v. 주문하다, 지시하다

□ choisir 슈아지 v. 선택하다

□ emporter 엉뽀흐떼 v. 가져가다

Est-il possible d'emporter les restes ?
에띨 뽀씨블르 덩뽀흐떼 레 헤스뜨?
남은 음식은 포장 가능한가요?

□ composition 꽁뽀지씨옹 n.f. 재료, 구성
= ingrédients 앵그헤디엉 n.m.pl.

□ entrecôte 엉트흐꼬뜨 n.f. 등심

Cette entrecôte n'est pas assez cuite.
쎗뜨 엉트흐꼬뜨 네 빠 자쎄 뀌뜨
이 등심은 덜 익었어요.

□ jambon 장봉 n.m. 햄

□ saucisson 쏘씨쏭 n.m. 소시지

□ frites 프리뜨 n.f.pl. 감자튀김

Il choisit toujours des frites en accompagnement.
일 슈아지 뚜주(흐) 데 프히뜨 어 나꽁빠뉴멍
그는 사이드 메뉴로 늘 감자튀김을 선택해요.

□ soupe 수쁘 n.f. 수프

□ salade 쌀라드 n.f. 샐러드

□ fruits de mer 프휘 드 메흐 해산물

□ moule 물 n.f. 홍합

□ huître 위트(흐) n.f. 굴

□ champignon 샹삐뇽 n.m. 버섯

□ truffe 트휘프 n.f. 트러플, 송로버섯

□ escargot 에스까흐고 n.m. 달팽이

□ foie gras 푸아 그하 푸아그라

□ yaourt 야우흐뜨 n.m. 요거트(요구르트)

Je mange des céréales avec du yaourt au petit déjeuner.
즈 망즈 데 쎄헤알 아베끄 뒤 야우흐뜨 오 쁘띠 데죄네
전 아침 식사 때 요거트와 함께 시리얼을 먹어요.

□ glace 글라쓰 n.f. 아이스크림

□ fromage 프호마즈 n.m. 치즈

□ chocolat 쇼꼴라 n.m. 초콜릿

□ bonbon 봉봉 n.m. 사탕

□ spécialité 스뻬씨알리떼 n.f. 특산물, 특제품

Parmi ces plats, lesquels sont des spécialités régionales ?
빠흐미 쎄 쁠라, 레껠 쏭 데 스뻬씨알리떼 헤지오날?
이 중 무엇이 이 지방 요리인가요?

□ pain 빵 n.m. 빵

□ pain aux raisins 빵 오 헤쟁 건포도빵

□ pain au chocolat 빵 오 쇼꼴라 초콜릿빵

□ baguette 바겟뜨 n.f. 바게트; 막대

□ croissant 크후아쌍 n.m. 크루아상; 초승달

□ tarte 따흐뜨 n.f. 파이

□ gâteau 갸또 n.m. 케익, 과자

□ crêpe 크헤쁘 n.m. 크레이프

□ macaron 마카홍 n.m. 마카롱

□ cookie 꾸끼 n.m. 쿠키

□ café 꺄페 n.m. 카페, 커피
- □ décaféiné(e) 데꺄페이네 a. 카페인을 제거한, 디카페인의
- □ expresso 에스프헤쏘 n.m. 에스프레소
- = café court 꺄페 꾸흐
- □ café allongé 꺄페 알롱제 연한 커피
- □ café au lait 꺄페 오 레 카페라떼
- □ cappuccino 까뿌씨노 n.m. 카푸치노

□ thé 떼 n.m. 차, 홍차
- □ thé vert 떼 베흐 녹차
- □ thé au lait 떼 오 레 밀크티
- □ infusion 앵퓌지옹 n.f. 허브차

□ jus 쥐 n.m. 주스

□ limonade 리모나드 n.f. 탄산음료, 레몬수

Lucas boit souvent de la limonade au lieu de l'eau.
뤼까 프헝 쑤벙 들 라 리모나드 오 리으 드 로
뤼카는 물 대신 탄산음료를 자주 마셔요.

□ eau gazeuse 오 갸즈즈 탄산수

□ alcool 알꼴 n.m. 술, 알코올
- □ champagne 샹빠뉴 n.m. 샴페인
- □ bière 비애(흐) n.f. 맥주
- □ whisky 위스끼 n.m. 위스키
- □ cidre 씨드(흐) n.m. 사과주

□ glaçon 글라쏭 n.m. (조각) 얼음

Un scotch avec des glaçons, s'il vous plaît.
엉 스까치 아베끄 데 글라쏭, 씰 부 쁠레
스카치 위스키에 얼음 넣어 주세요.

□ tasse 따쓰 n.f. 찻잔

□ verre 베(흐) n.m. (유리) 잔, 글라스

□ paille 빠이 n.f. 빨대

□ addition 아디씨옹 n.f. 계산서

Le pourboire est inclus dans l'addition.
르 뿌흐부아(흐) 에 땡끌뤼 당 라디씨옹
팁은 가격에 포함되어 있습니다.

□ pourboire 뿌흐부아(흐) n.m. 팁

□ serviette 쎄흐비엣뜨 n.f. 냅킨

□ fourchette 푸흐쉣뜨 n.f. 포크

□ baguettes 바겟뜨 n.f.pl. 젓가락

Savez-vous vous servir des baguettes ?
싸베부 부 쎄흐비 데 바겟뜨?
젓가락 사용할 줄 알아요?

□ cuillère 뀌이애(흐) n.f. 숟가락

□ cuillère à café 뀌이애(흐) 아 꺄페 찻숟가락

□ saveur 싸뵈 n.m. 맛

= goût 구 n.m.

□ salé(e) 쌀레 a. 짠

□ sucré(e) 쒸크헤 a. 달콤한, 단

□ piquant(e) 삐깡(뜨) a. 매운
= pimenté(e) 삐멍떼
□ aigre 에그(흐) a. 신, 시큼한
□ gras(se) 그하(쓰) a. 기름진, 느끼한
□ amer 아메, amère 아매(흐) a. 쓴, 씁쓸한

Ça n'a aucun goût.
싸 나 오껑 구
이건 아무 맛도 안 나요.

□ odeur de poisson 오되 드 뿌아쏭 생선 비린내

□ se corrompre 쓰 꼬홍프(흐) v. 썩다, 상하다
= pourrir 뿌히

17. 요리 주문

꼭! 써먹는 **실전 회화**

Julie Quel est le plat du jour ?
껠 레 르 쁠라 뒤 주흐?
오늘의 요리는 무엇인가요?

Le garçon Aujourd'hui, nous avons un rôti de porc à la crème. En voudriez-vous ?
오주흐뒤, 누 자봉 엉 호띠 드 뽀흐 알 라 크햄. 엉 부드히에부?
오늘은 크림을 곁들인 돼지고기 구이가 있습니다. 그걸로 하시겠어요?

Julie Oui, et comme dessert, je prendrai un sorbet à l'orange.
위, 에 꼼 데쎄(흐), 즈 프헝드헤 엉 쏘흐베 아 로항즈
네, 그리고 디저트로 오렌지 셔벗을 주세요.

Le garçon Entendu, c'est noté.
엉떵뒤, 쎄 노떼
그렇게 알겠습니다.

Unité 18.

상점 Les magasins 레 마가쟁

□ magasin 마가쟁
n.m. 상점, 가게

□ grand magasin 그항 마가쟁
백화점

□ client(e) 끌리엉(뜨)
n. 손님, 고객

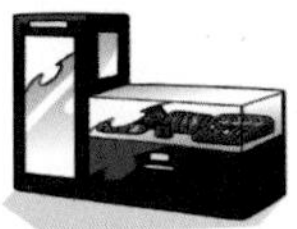

□ vitrine 비트힌
n.f. 진열장

□ employé(e) de magasin
엉쁠루아이예 드 마가쟁 백화점 점원

□ prix 프히
n.m. 가격

□ caissière 깨씨애(흐)
n.f. 계산대 점원

□ reçu 흐쒸
n.m. 영수증

□ payer 뻬이예
v. 지불하다

□ soldes 쏠드
n.m.pl. 바겐세일

□ achat 아샤
n.m. 구입, 구매

□ réduit(e) 헤뒤(뜨)
a. 할인된

□ cher 쉐흐, chère 쉐흐
a. 비싼

□ bon marché 봉 마흐쉐
싼

□ marché 마흐쉐
n.m. 시장

□ supermarché 쉬뻬마흐쉐
n.m. 마트

□ boutique 부띠끄
n.m. 가게

□ produits laitiers 프호뒤 레띠에
= laitages 레따즈
n.m.pl. 유제품

□ marché aux puces 마흐쉐 오 쀠쓰
= brocante 브호깡뜨
n.f. 벼룩시장, 골동품 상점

□ économique 에꼬노미끄
a. 경제적인

□ vendre 벙드흐
v. 팔다

□ faire des courses
페(흐) 데 꾸흐쓰 장을 보다

□ vendeur 벙되,
vendeuse 벙드즈
n. 판매원, 상인

□ épicerie 에삐쓰히
n.f. 식료품점

□ aliments instantanés
알리멍 앵스땅따네
n.m.pl. 인스턴트 식품

□ échanger 에샹제
v. 교환하다

□ rembourser 헝부흐쎄
v. 환불하다

□ boutique de vêtement
부띠끄 드 베뜨멍 옷가게

□ taille 따이
n.f. (옷) 크기, 사이즈

□ blanchisserie 블랑쉬쓰히 n.f.
= pressing 프헤씽
n.m. 세탁소

□ nettoyer à sec 넷뚜아이예 아 쎄끄
드라이클리닝하다

□ repasser 흐빠쎄
v. 다림질하다

□ confier 꽁피에
v. 맡기다

□ récupérer 헤뀌뻬헤
v. 회수하다, 되찾다

□ raccourcir 하꾸흐씨
v. 줄이다

□ habit 아비
n.m. 옷, 복장

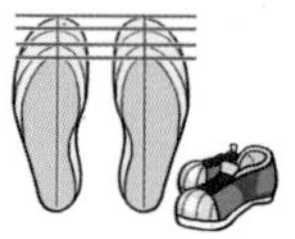

□ pointure 뿌앙뛰(흐)
n.f. (신발) 사이즈

□ lavage 라바즈
n.m. 세탁, 빨래

□ linge 랭즈
n.m. 세탁물

□ tache 따슈
n.f. 얼룩

□ enlever 엉르베
v. 제거하다, 없애다

□ raccommoder 하꼬모데
v. 수선하다, 깁다

□ parfumerie 빠흐퓌므히
n.f. 화장품 상점, 향수 상점

□ parfum 빠흐팽
n.m. 향수, 향기

□ cosmétique 꼬스메띠끄
n.m. 화장품

□ lotion 로씨옹
n.f. 로션

□ boucherie 부슈히
n.f. 정육점

□ poissonnerie 뿌아쏘느히
n.f. 생선 가게

□ boulangerie 불랑즈히
n.f. 빵가게

□ glacerie 글라쓰히
n.f. 아이스크림 가게

□ pâtisserie 빠띠쓰히
n.f. 제과점, 디저트 가게

□ papeterie 빠쁘뜨히
n.f. 문방구

□ boutique de fleurs
부띠끄 드 플뢰 꽃집, 꽃가게

□ agence immobilière
아정쓰 이모빌리애(흐) 부동산 중개소

□ magasin 마가쟁 n.m. 상점, 가게
= boutique 부띠끄 n.m.

□ marché 마흐쉐 n.m. 시장
□ marché aux puces 마흐쉐 오 쀠쓰 벼룩시장, 골동품 상점
= brocante 브호깡뜨 n.f.

□ faire des courses 페(흐) 데 꾸흐쓰 장을 보다

□ supermarché 쉬뻬마흐쉐 n.m. 마트

□ grand magasin 그항 마가쟁 백화점

Il aime faire du shopping dans les grands magasins.
일 렘 페(흐) 뒤 쇼삥 당 레 그항 마가쟁
그는 백화점에서 쇼핑하는 걸 좋아해요.

□ acheter 아슈떼 v. 사다, 구입하다

□ achat 아샤 n.m. 구입, 구매

□ produit 프호뒤 n.m. 상품, 제품
□ produits surgelés 프호뒤 쒸흐즐레 냉동 제품
□ produit promotionnel 프호뒤 프호모씨오넬 판촉품
□ produits de la mer 프호뒤 들 라 메흐 해산물

Donnez-moi en trois de ce produit.
도네 무아 엉 트후아 드 쓰 프호뒤
같은 제품으로 3개 주세요.

□ vendre 벙드흐 v. 팔다

□ vendeur 벙되, vendeuse 벙드즈 n. 판매원, 상인

□ payer 뻬이예 v. 지불하다

□ payer à crédit 뻬이예 아 크헤디 할부로 결제하다

Payez-vous en une seule fois ou à crédit ?
뻬이예부 엉 윈 쐴 푸아 우 아 크헤디?
일시불로 하시겠어요 할부로 하시겠어요?

□ échanger 에샹제 v. 교환하다

□ rembourser 헝부흐쎄 v. 환불하다

□ remboursement 헝부흐쓰멍 n.m. 환불

□ reçu 흐쒸 n.m. 영수증, 계산서
= facture 팍뛰(흐) n.f.
= ticket de caisse 띠께 드 께쓰

Jetez le reçu, s'il vous plaît.
즈떼 르 흐쒸, 씰 부 쁠레
영수증은 버려 주세요.

□ rayon 헤이용 n.m. (백화점의) 매장, 코너

□ vitrine 비트힌 n.f. 진열장

La veste qui se trouve dans la vitrine est la dernière que nous ayons.
라 베스뜨 끼 쓰 트후브 당 라 비트힌 에 라 데흐니애(흐) 끄 누 제이용
진열대에 있는 것이 마지막 남은 재킷입니다.

□ client(e) 끌리엉(뜨) n. 손님, 고객

□ employé(e) de magasin 엉쁠루아이예 드 마가쟁 백화점 점원

□ caisse 께쓰 n.f. 계산대

□ caissière 께씨애(흐) n.f. 계산대 점원

□ prix 프히 n.m. 가격

□ cher 쉐흐, chère 쉐흐 a. 비싼

□ bon marché 봉 마흐쉐 싼

□ économique 에꼬노미끄 a. 경제적인

Faire des courses au supermarché est économique.
페(흐) 데 꾸흐쓰 오 쉬뻬마흐쉐 에 떼꼬노미끄
마트에서 장을 보는 게 경제적이에요.

□ réduit(e) 헤뒤(뜨) a. 할인된

□ réduction 헤뒥씨옹 n.f. 가격 할인

□ soldes 쏠드 n.m.pl. 바겐세일

Jusqu'à quand durent les soldes ?
쥐스꺄 깡 뒤(흐) 레 쏠드?
언제까지 세일인가요?

□ liquidation 리끼다씨옹 n.f. 결산, (재고품의) 염가 판매

□ promotion 프호모씨옹 n.f. 판매 촉진(할인 상품)

□ qualité 꺌리떼 n.f. 품질

La qualité du cuir est importante pour les chaussures.
라 꺌리떼 뒤 뀌흐 에 땡뽀흐땅뜨 뿌흐 레 쇼쒸(흐)
구두는 가죽의 품질이 중요해요.

□ épicerie 에삐쓰히 n.f. 식료품점

□ produits laitiers 프호뒤 레띠에 n.m.pl. 유제품
= laitages 레따즈 n.m.pl.

□ aliments instantanés 알리멍 앵스땅따네 n.m.pl. 인스턴트 식품

Mon grand frère n'achète que des aliments instantanés tous les jours.
몽 그항 프해(흐) 나쉐뜨 끄 데 잘리멍 앵스땅따네 뚜 레 주흐
제 오빠는 맨날 인스턴트 식품만 사요.

□ (date de) péremption (다뜨 드) 뻬헝씨옹 n.f. 유통 기한

□ boucherie 부슈히 n.f. 정육점

□ poissonnerie 뿌아쏘느히 n.f. 생선 가게

□ boulangerie 불랑즈히 n.f. 빵가게

□ pâtisserie 빠띠쓰히 n.f. 제과점, 디저트 가게

□ glacerie 글라쓰히 n.f. 아이스크림 가게

□ boutique de vêtement 부띠끄 드 베뜨멍 옷가게

□ habit 아비 n.m. 옷, 복장

□ design 디자인 n.m. 디자인

□ taille 따이 n.f. (옷) 크기, 사이즈

Vous n'auriez pas ce chemisier dans une autre taille ?
부 노히에 빠 쓰 슈미지에 당 쥔 오트(흐) 따이?
이 블라우스는 다른 사이즈가 없나요?

□ pointure 뿌앙뛰(흐) n.f. (신발) 사이즈

□ parfumerie 빠흐퓌므히 n.f. 화장품 상점, 향수 상점

□ cosmétique 꼬스메띠끄 n.m. 화장품

- □ lotion 로씨옹 n.f. 로션
- □ crème solaire 크햄 쏠레(흐) 자외선 차단제
- □ parfum 빠흐팽 n.m. 향수, 향기
- □ poudre 뿌드(흐) n.f. 파우더
- □ rouge à lèvre 후즈 아 래브(흐) 립스틱
- □ mascara 마스까하 n.m. 마스카라
- □ vernis (à ongles) 베흐니 (아 옹글) n.m. 매니큐어

□ blanchisserie 블랑쉬쓰히 n.f. 세탁소

= pressing 프헤씽 n.m.

Je vais déposer ces vêtements à la blanchisserie.
즈 베 데뽀제 쎄 베뜨멍 알 라 블랑쉬쓰히
이 옷들은 세탁소에 맡길 거예요.

□ nettoyer à sec 넷뚜아이예 아 쎄끄 드라이클리닝하다

□ nettoyage à sec 넷뚜아이야즈 아 쎄끄 드라이클리닝

Si vous faites un nettoyage à sec, la tache disparaîtra.
씨 부 페뜨 엉 넷뚜아이야즈 아 쎄끄, 라 따슈 디스빠헤트하
드라이클리닝을 하면 얼룩이 지워질 거예요.

□ lavage 라바즈 n.m. 세탁, 빨래

□ linge 랭즈 n.m. 세탁물

□ confier 꽁피에 v. 맡기다

□ tache 따슈 n.f. 얼룩

□ enlever 엉르베 v. 제거하다, 없애다

Est-ce que vous pouvez enlever la tache qui se trouve sur cette chemise ?
에스끄 부 뿌베 엉르베 라 따슈 끼 쓰 트후브 쒸흐 쎗뜨 슈미즈?
셔츠에 있는 얼룩 좀 제거해 주시겠어요?

□ disparaître 디스빠헤트(흐) v. 사라지다, 없어지다

□ repasser 흐빠쎄 v. 다림질하다

□ raccommoder 하꼬모데 v. 수선하다, 깁다

□ raccourcir 하꾸흐씨 v. 줄이다

□ récupérer 헤뀌뻬헤 v. 회수하다, 되찾다

□ papeterie 빠쁘뜨히 n.f. 문방구

□ boutique de fleurs 부띠끄 드 플뢰 꽃집, 꽃가게

□ agence immobilière 아정쓰 이모빌리애(흐) 부동산 중개소

□ immeuble 이뫼블르 n.m. 건물, 부동산

18. 원피스

꼭! 써먹는 **실전 회화**

La vendeuse	Cherchez-vous quelque chose en particulier ? 쉐흐쉐부 껠끄 쇼즈 엉 빠흐띠뀔리에? 찾으시는 물건이 있나요?
Julie	Oui, je voudrais essayer cette robe. 위, 즈 부드헤 에쎄이예 쎗뜨 호브 네, 이 원피스를 입어보고 싶은데요.
La vendeuse	Quelle taille faites-vous ? 껠 따이 페뜨부? 사이즈가 어떻게 되시죠?
Julie	Je fais du trente-six. 즈 페 뒤 트헝씨쓰 저는 36 사이즈를 입어요.

Unité 19.

병원 & 은행 L'hôpital et la banque 로삐딸 에 라 방끄

□ hôpital 오삐딸
n.m. 병원

□ clinique 끌리니끄
n.f. 개인 병원

□ patient(e) 빠씨엉(뜨)
= malade 말라드 n. 환자

□ symptôme 쌩똠 n.m. 증상

□ estomac 에스또마 n.m. 위, 위장

□ trouble digestif
트후블르 디제스띠프 소화 불량

□ se blesser 쓰 블레쎄 v. 상처 입다

□ blessure 블레쒸(흐) n.f. 상처

□ consulter 꽁쒈떼
v. 상담하다, 진찰받다

□ examiner 에그자미네
v. 진찰하다, 조사하다

□ avoir mal 아부아 말
아프다

□ fièvre 피애브(흐) n.f. 열

□ tousser 뚜쎄
v. 기침하다, 기침이 나다

□ rhume 휨 n.m. 감기

□ nausée 노제 n.f. 구역질, 구토

□ diarrhée 디아헤 n.f. 설사

□ vertige 베흐띠즈
n.m. 어지럼증

□ se faire piquer 쓰 페(흐) 삐께
(벌레에) 물리다, 쏘이다

□ anémie 아네미
n.f. 빈혈

□ urticaire 위흐띠께(흐)
n.f. 두드러기

□ contusion 꽁뛰지옹
n.f. 타박상

□ bleu 블르 n.m.
= meurtrissure 뫼흐트히쒸(흐) n.f.
멍

□ béquille 베끼이
n.f. 목발

□ enflé(e) 엉플레 a. 부어 오른

□ carie 꺄히
n.f. 충치

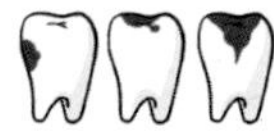

□ plomber 뽈롱베
v. 이를 봉하다, 때우다

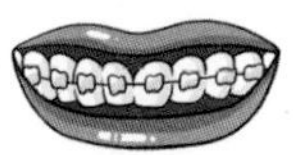

□ orthodontie 오흐또동씨
n.f. 치아 교정

□ hospitalisation 오스삐딸리자씨옹
n.f. 입원

□ sortie de l'hôpital
쏘흐띠 드 로삐딸 퇴원

□ opération 오뻬하씨옹 n.f. 수술

□ anesthésie 아네스떼지 n.f. 마취

□ pharmacie 파흐마씨
n.f. 약국

□ prescrire 프헤스크히(흐)
v. 처방하다

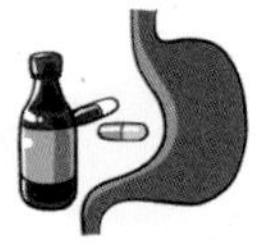

□ digestif 디제스띠프
n.m. 소화제

□ analgésique 아날제지끄
= antalgique 앙딸지끄
n.m. 진통제

□ somnifère 쏨니패(흐)
n.m. 수면제

□ banque 방끄
n.f. 은행

□ chèque 쉐끄
n.m. 수표

□ carte de crédit 꺄흐뜨 드 크헤디
= carte bancaire 꺄흐뜨 방께(흐)
= carte bleue 꺄흐뜨 블르
신용 카드

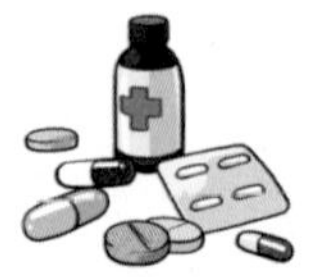

□ médicament 메디꺄멍
n.m. 약

□ effet secondaire 에페 스공데(흐)
부작용

□ pommade 뽀마드
n.f. 연고

□ bande adhésive 방드 아데지브
반창고, 밴드

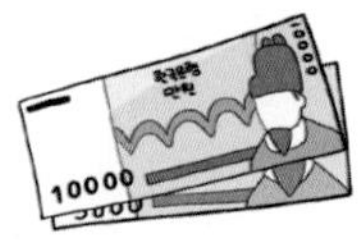

□ argent 아흐정
n.m. 돈

□ espèces 에스빼쓰
n.f.pl. 현금, 화폐

□ monnaie 모네
n.f. 잔돈, 거스름돈

□ compte 꽁뜨
n.m. 계좌

□ virement 비흐멍
n.m. 계좌 이체

□ intérêt 앵떼헤
n.m. 이자, 수익

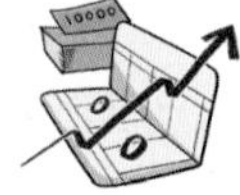

□ taux 또
n.m. 세율, 금리

□ déposer 데뽀제
v. 예금하다, 입금하다

□ retirer 흐띠헤
v. 돈을 찾다, 출금하다

□ prêt 프헤
n.m. 대여, 융자

□ frais 프헤
n.m. 비용, 요금

□ banque en ligne
방끄 엉 린뉴
인터넷 뱅킹

□ distributeur (automatique) de billets
디스트히뷔뙤 (오또마띠끄) 드 비이에
현금 (자동) 인출기

□ mot de passe 모 드 빠쓰
비밀번호

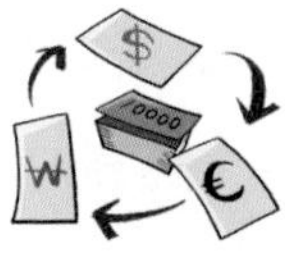

□ changer de l'argent
샹제 드 라흐정 환전하다

□ hôpital 오삐딸 n.m. 병원

□ clinique 끌리니끄 n.f. 개인 병원

□ patient(e) 빠씨엉(뜨) n. 환자
= malade 말라드 n.

□ consulter 꽁쒿떼 v. 상담하다, 진찰받다

Si vous avez tout le temps mal au dos, vous devez consulter votre médecin.
씨 부 자베 뚜 르 떵 말 오 도, 부 드베 꽁쒿떼 보트(흐) 메드쌩
만약 계속 허리가 아프다면, 의사에게 진찰받아야 해요.

□ symptôme 쌩똠 n.m. 증상

□ avoir mal 아부아 말 아프다

□ endolori(e) 엉돌로히 a. 아픈

□ brûlure 브휠뤼(흐) n.f. 욱신거림, 화상

J'ai des brûlures d'estomac quand je mange de la nourriture épicée.
줴 데 브휠뤼(흐) 데스또마 깡 즈 망즈 들 라 누히뛰(흐) 에삐쎄
매운 음식을 먹으면 위가 욱신거려요.

□ étouffé(e) 에뚜페 a. 숨막히는, 숨쉬기 어려운

□ insensible 앵썽씨블르 a. 무감각한

□ se blesser 쓰 블레쎄 v. 상처입다

□ blessure 블레쒸(흐) n.f. 상처

J'ai besoin d'une pommade que je puisse appliquer sur ma blessure.
줴 브주앙 뒨 뽀마드 끄 즈 쀠쓰 아쁠리께 쒸흐 마 블레쒸(흐)
상처에 바르는 연고가 필요해요.

□ contusion 꽁뛰지옹 n.f. 타박상

□ bleu 블르 n.m. 멍
= meurtrissure 뫼흐트히쒸(흐) n.f.

□ se fouler 쓰 풀레 v. 삐다, 접질리다

□ enflé(e) 엉플레 a. 부어 오른

□ béquille 베끼이 n.f. 목발

□ maladie 말라디 n.f. 병, 질환

□ rhume 휨 n.m. 감기

□ tousser 뚜쎄 v. 기침하다, 기침이 나다

□ fièvre 피애브(흐) n.f. 열

Lucas a de la fièvre depuis hier soir.
뤼까 아 들 라 피애브(흐) 드쀠 이에 쑤아
뤼카는 어젯밤부터 열이 있어요.

□ tension (artérielle) 떵씨옹 (아흐떼히엘) n.f. 혈압

□ trouble digestif 트후블르 디제스띠프 소화 불량

□ estomac 에스또마 n.m. 위, 위장

□ appendicite 아뺑디씨뜨 n.f. 맹장염

J'ai été opéré de l'appendicite.
줴 에떼 오뻬헤 들 라뺑디씨뜨
맹장 수술을 했어요.

□ nauséeux 노제으, nauséeuse 노제으즈 a. 메스꺼운
□ nausée 노제 n.f. 구역질, 구토

□ diarrhée 디아헤 n.f. 설사

□ constipation 꽁스띠빠씨옹 n.f. 변비

□ vertige 베흐띠즈 n.m. 어지럼증

J'ai souvent des vertiges.
줴 쑤벙 데 베흐띠즈
전 자주 어지러워요.

□ anémie 아네미 n.f. 빈혈

□ urticaire 위흐띠께(흐) n.f. 두드러기

□ se faire piquer 쓰 페(흐) 삐께 (벌레에) 물리다, 쏘이다

□ molaire 몰레(흐) n.f. 어금니

□ carié(e) 꺄히에 a. 충치가 생긴, 썩은

□ carie 꺄히 n.f. 충치

Il faut plomber votre dent cariée.
일 포 쁠롱베 보트(흐) 덩 꺄히에
충치를 때워야 합니다.

□ plomber 쁠롱베 v. 이를 봉하다, 때우다

□ orthodontie 오흐또동씨 n.f. 치아 교정

□ antécédents 앙떼쎄덩 n.m.pl. (개인 및 가족의) 병력

Quels sont vos antécédents ?
껠 쏭 보 장떼쎄덩?
전에 병을 앓으신 적 있나요?

□ examiner 에그자미네 v. 진찰하다, 조사하다

□ hospitalisation 오스삐딸리자씨옹 n.f. 입원

□ sortie de l'hôpital 쏘흐띠 드 로삐딸 퇴원

□ opération 오뻬하씨옹 n.f. 수술

Michel a subi une opération importante.
미쉘 아 쒸비 윈 오뻬하씨옹 앵뽀흐땅뜨
미쉘은 대수술을 받았어요.

□ anesthésie 아네스떼지 n.f. 마취

□ tuteur 뛰뙤, tutrice 뛰트히쓰 n. 보호자, 후원자

□ assurance maladie 아쒸항쓰 말라디 의료보험

□ certificat médical 쎄흐띠피꺄 메디꺌 진단서

□ ordonnance 오흐도낭쓰 n.f. 처방전

□ prescrire 프헤스크히(흐) v. 처방하다

□ pharmacie 파흐마씨 n.f. 약국

□ médicament 메디꺄멍 n.m. 약

□ digestif 디제스띠프 n.m. 소화제

□ somnifère 쏨니패(흐) n.m. 수면제

□ analgésique 아날제지끄 n.m. 진통제

= antalgique 앙딸지끄 n.m.

Avez-vous un analgésique ?
아베부 어 나날제지끄?
진통제 있어요?

□ effet secondaire 에페 스공데(흐) 부작용

□ pommade 뽀마드 n.f. 연고

□ bande adhésive 방드 아데지브 반창고, 밴드

□ banque 방끄 n.f. 은행

□ argent 아흐정 n.m. 돈

□ espèces 에스빼쓰 n.f.pl. 현금, 화폐

□ monnaie 모네 n.f. 잔돈, 거스름돈

□ chèque 쉐끄 n.m. 수표

□ compte 꽁뜨 n.m. 계좌

□ compte courant 꽁뜨 꾸항 보통 예금

□ compte épargne 꽁뜨 에빠흐뉴 저축 예금

□ déposer 데뽀제 v. 예금하다, 입금하다

□ retirer 흐띠헤 v. 돈을 찾다, 출금하다

Je voudrais retirer deux cent euros de mon compte.
즈 부드헤 흐띠헤 드 썽 으호 드 몽 꽁뜨
제 계좌에서 200유로 찾고 싶습니다.

□ virement 비흐멍 n.m. 계좌 이체

□ intérêt 앵떼헤 n.m. 이자, 수익

□ taux 또 n.m. 세율, 금리

□ crédit 크헤디 n.m. 신용, 대출

À combien est le taux de crédit ?
아 꽁비엉 에 르 또 드 크헤디?
대출 금리가 얼마인가요?

□ carte de crédit 꺄흐뜨 드 크헤디 신용 카드

= carte bancaire 꺄흐뜨 방께(흐)

= carte bleue 꺄흐뜨 블르

□ changer de l'argent 샹제 드 라흐정 환전하다

□ frais 프헤 n.m. 비용, 요금

□ commission 꼬미씨옹 n.f. 중개료, 수수료

□ distributeur (automatique) de billets 디스트히뷔뙤 (오또마띠끄) 드 비이에 현금 (자동) 인출기

□ banque en ligne 방끄 엉 린뉴 인터넷 뱅킹

□ mot de passe 모 드 빠쓰 비밀번호

□ prêt 프헤 n.m. 대여, 융자

□ emprunter 엉프헝떼 v. 빌리다, 차용하다

19. 두통

꼭! 써먹는 **실전 회화**

Julie As-tu un antalgique ?
아뛰 어 낭딸지끄?
너 진통제 있어?

Xavier Oui, as-tu mal à la tête ?
위, 아뛰 말 알 라 떼뜨?
응, 머리가 아프니?

Julie Oui, j'ai atrocement mal à la tête.
위, 줴 아트호쓰멍 말 알 라 떼뜨
응, 머리가 지독하게 아파.

Xavier Il vaudrait mieux que tu ailles voir un médecin.
일 보드헤 미으 끄 뛰 아이 부아 엉 메드쌩
의사에게 진찰을 받는 게 좋겠다.

Exercice

다음 단어를 읽고 맞는 뜻과 연결하세요.

1. banque •	• 교실, 수업
2. blanchisserie •	• 대학교
3. café •	• 병원
4. classe •	• 상점, 가게
5. école •	• 세탁소
6. hôpital •	• 시장
7. magasin •	• 음식점
8. marché •	• 약국
9. pharmacie •	• 은행
10. restaurant •	• 일
11. travail •	• 카페, 커피
12. université •	• 학교

1. banque – 은행 2. blanchisserie – 세탁소 3. café – 카페, 커피 4. classe – 교실, 수업
5. école – 학교 6. hôpital – 병원 7. magasin – 상점, 가게 8. marché – 시장
9. pharmacie – 약국 10. restaurant – 음식점 11. travail – 일 12. université – 대학교

Chapitre 06

Unité 20.

교통 Les transports 레 트항스뽀(흐)

□ transport 트항스뽀(흐)
n.m. 교통, 교통수단

□ avion 아비옹
n.m. 비행기

□ aéroport 아에호뽀(흐)
n.m. 공항

□ départ 데빠(흐) n.m. 출발

□ partir 빠흐띠 v. 출발하다, 떠나다

□ arrivée 아히베 n.f. 도착

□ arriver 아히베 v. 도착하다

□ décollage 데꼴라즈 n.m. 이륙

□ décoller 데꼴레 v. 이륙하다

□ atterrissage 아떼히싸즈 n.m. 착륙

□ atterrir 아떼히 v. 착륙하다

□ monter 몽떼
v. 타다, 탑승하다

□ descendre 데썽드(흐)
v. 내리다

□ vol 볼 n.m. 비행, 비행편

□ billet d'avion 비에 다비옹 항공권

□ aller simple 알레 쌩쁠 편도

□ aller-retour 알레흐뚜 n.m. 왕복

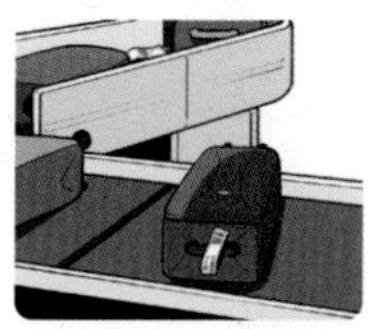

□ bagage 바갸즈 n.m. 짐

□ déposer 데뽀제 v. 맡기다

□ personnel navigant
빼흐쏘넬 나비강
= hôtesse (de l'air)
오떼쓰 (드 레흐)
승무원

□ duty-free 듀띠프히 n.m.
= boutique hors taxes
부띠끄 오흐 딱쓰 면세점

□ passeport 빠스뽀(흐)
n.m. 여권

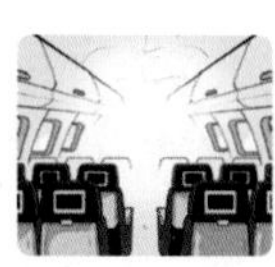

□ à bord 아 보흐 기내

□ plateau repas 쁠라또 흐빠 기내식

□ comptoir de contrôle
꽁뚜아 드 꽁트홀 검색대

□ comptoir 꽁뚜아
n.m. 계산대, 카운터

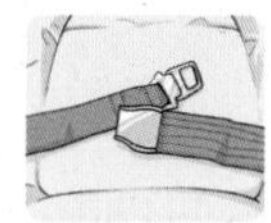

□ ceinture de sécurité
쌩뛰(흐) 드 쎄뀌히떼 안전벨트

□ gilet de sauvetage
질레 드 소브따즈 구명조끼

□ issue de secours
이쒸 드 쓰꾸(흐) 비상구

□ train 트행
n.m. 기차

□ billet de train 비에 드 트행
기차표

□ panneau d'affichage
빠노 다피샤즈 게시판, 알림판

□ correspondance 꼬헤스뽕당쓰
n.f. 환승

□ destination 데스띠나씨옹
n.f. 목적지, 도착지

□ compostage 꽁뽀스따즈
n.m. 자동 개찰

□ trajet 트하제 n.m. 여정

□ horaire 오헤(흐) n.m. 운행 시간표

□ gare 갸(흐)
n.f. 기차역

□ guichet 기셰 n.m. 매표소

□ place 쁠라쓰 n.f. 자리

□ quai 깨 n.m. 플랫폼

□ voie 부아 n.f. 선로, 레일

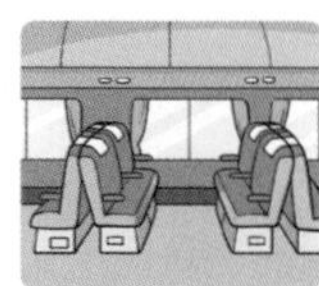

□ compartiment 꽁빠흐띠멍 n.m. 객실

□ voiture 부아뛰(흐) n.f. 객차, 객실칸

□ métro 메트호 n.m. 지하철

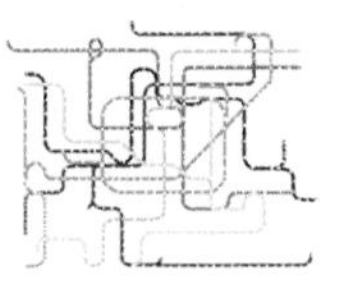

□ ligne 린뉴 n.f. 노선

□ autobus 오또뷔쓰 n.m.
= bus 뷔쓰 n.m. 버스

□ station 스따씨옹
n.f. (버스·지하철) 역, 정류장

□ taxi 딱씨 n.m. 택시

□ tramway 트함웨 n.m. 트램

□ bicyclette 비씨끌렛뜨 n.f.
= vélo 벨로 n.m. 자전거

□ piste cyclable 삐스뜨 씨끌라블르
자전거 전용 도로

□ moto 모또 n.f. 오토바이

□ casque 꺄스끄 n.m. 헬멧

□ bateau 바또 n.m. 배, 선박

□ port 뽀호 n.m. 항구

□ embarquer 엉바흐께
v. 승선하다, 승차하다

□ débarquer 데바흐께
v. 하선하다, 하차하다

□ transport 트항스뽀(흐) n.m. 교통, 교통수단

□ transport en commun 트항스뽀(흐) 엉 꼬멍 대중교통

Le bus est le principal transport de cette ville.
르 뷔쓰 에 르 프행씨빨 트항스뽀(흐) 드 쎗뜨 빌
버스는 이 도시의 주요 교통수단이에요.

□ avion 아비옹 n.m. 비행기

□ aéroport 아에호뽀(흐) n.m. 공항

□ compagnie aérienne 꽁빠뉘 아에히엔 항공사

□ billet d'avion 비에 다비옹 항공권

□ passeport 빠스뽀(흐) n.m. 여권

□ comptoir 꽁뚜아 n.m. 계산대, 카운터

Où est le comptoir d'Air France ?
우 에 르 꽁뚜아 데흐 프항쓰?
에어프랑스 카운터가 어디죠?

□ guichet 기쉐 n.m. 창구, 매표소

À quel guichet dois-je me rendre pour faire une demande de passeport ?
아 껠 기쉐 두아즈 므 헝드(흐) 뿌흐 페(흐) 윈 드망드 드 빠스뽀(흐)?
여권 발급하려면 어느 창구로 가야 하나요?

□ départ 데빠(흐) n.m. 출발

□ partir 빠흐띠 v. 출발하다, 떠나다

□ décollage 데꼴라즈 n.m. 이륙

□ décoller 데꼴레 v. 이륙하다

□ arrivée 아히베 n.f. 도착

□ arriver 아히베 v. 도착하다

Je n'ai pas le temps d'attendre son arrivée.
즈 네 빠 르 떵 다떵드(흐) 쏘 나히베
전 그가 도착하길 기다릴 시간이 없어요.

□ atterrissage 아떼히싸즈 n.m. 착륙

□ atterrir 아떼히 v. 착륙하다

□ vol 볼 n.m. 비행, 비행편

Je voudrais réserver un vol pour New-York.
즈 부드헤 헤제흐베 엉 볼 뿌흐 뉴욕
뉴욕행 비행기 티켓을 예약하려고 합니다.

□ aller simple 알레 쌩쁠 편도

□ aller-retour 알레흐뚜 n.m. 왕복

□ escale 에스깔 n.f. 기항, 기항지

Pour le moment, il n'y a qu'un vol avec escale pour Londres.
뿌흐 르 모멍, 일 니 아 껑 볼 아베끄 에스깔 뿌흐 롱드(흐)
현재는 런던 경유 항공편만 있습니다.

□ siège 씨애즈 n.m. 좌석

□ classe économique 끌라쓰 에꼬노미끄 이코노미석

□ classe affaires 끌라쓰 아페(흐) 비즈니스석

□ première classe 프흐미애(흐) 끌라쓰 일등석, 퍼스트클래스

Veuillez aller tout droit pour la classe affaires.
뵈이에 잘레 두 드후아 뿌흐 라 끌라쓰 아페(흐)
비즈니스석은 앞쪽으로 가시기 바랍니다.

□ monter 몽떼 v. 타다, 탑승하다

□ descendre 데썽드(흐) v. 내리다

□ bagage 바갸즈 n.m. 짐

Désirez-vous déposer tous vos bagages ?
데지헤부 데뽀제 뚜 보 바갸즈?
(공항에서 비행기 타기 전) 짐은 전부 맡기실 건가요?

□ déposer 데뽀제 v. 맡기다

□ contrôle 꽁트홀 n.m. 검사, 심사, 관리
□ comptoir de contrôle 꽁뚜아 드 꽁트홀 검색대
□ contrôle de départ 꽁트홀 드 데빠(흐) 출국 심사

□ à bord 아 보흐 기내

Les liquides sont interdits à bord.
레 리끼드 쏭 땡떼흐디 아 보흐
액체류는 기내 반입이 불가합니다.

□ soute 쑤뜨 n.f. 화물칸

□ commandant de bord 꼬망당 드 보흐 기장

□ personnel navigant 뻬흐쏘넬 나비강 승무원
= hôtesse (de l'air) 오떼쓰 (드 레흐)

□ plateau repas 쁠라또 흐빠 기내식

□ ceinture de sécurité 쌩뛰(흐) 드 쎄뀌히떼 안전벨트

□ gilet de sauvetage 질레 드 소브따즈 구명조끼

□ issue de secours 이쒸 드 쓰꾸(흐) 비상구

□ duty-free 듀띠프히 n.m. 면세점
= boutique hors taxes 부띠끄 오흐 딱쓰

□ train 트행 n.m. 기차

□ train express 트행 엑스프헤쓰 급행 열차

□ train omnibus 트행 옴니뷔쓰 완행 열차

□ train direct 트행 디헥뜨 직행 열차

□ gare 갸(흐) n.f. 기차역

□ quai 깨 n.m. 플랫폼

□ voie 부아 n.f. 선로, 레일

□ panneau d'affichage 빠노 다피샤즈 게시판, 알림판

□ voiture 부아뛰(흐) n.f. 객차, 객실칸

Où est la voiture huit ?
우 에 라 부아뛰(흐) 위뜨?
8번 객차가 어느 쪽에 있죠?

□ compartiment 꽁빠흐띠멍 n.m. 객실

□ place 쁠라쓰 n.f. 자리

□ compostage 꽁뽀스따즈 n.m. 자동 개찰

□ billet de train 비에 드 트행 기차표

□ eurail pass 으헬 빠쓰 유레일 패스

tip. 유레일 패스란 유럽 국가들을 연결하는 기차 여행권으로, 가격에 따라 최대 28개국까지 넘나들 수 있습니다. 미리 이동 일자와 국가를 지정하여 예약해 두면 해당 날짜에는 자유롭게 이동이 가능하기 때문에 유럽을 여행하는 많은 이들이 유레일 패스를 이용합니다.

□ correspondance 꼬헤스뽕당쓰 n.f. 환승

Louis a raté son train de correspondance.
루이 아 하떼 쏭 트행 드 꼬헤스뽕당쓰
루이는 환승 기차를 놓쳤어요.

□ horaire 오헤(흐) n.m. 운행 시간표

□ destination 데스띠나씨옹 n.f. 목적지, 도착지

□ trajet 트하제 n.m. 여정

□ métro 메트호 n.m. 지하철

□ billet de métro 비에 드 메트호 지하철표

□ plan de métro 쁠랑 드 메트호 지하철 노선도

□ bouche de métro 부슈 드 메트호 지하철 출입구

Pour y aller, il vaut mieux prendre le métro.
뿌흐 이 알레, 일 보 미으 프헝드(흐) 르 메트호
거기까지 가려면 지하철을 타는 게 좋을 거예요.

□ ligne 린뉴 n.f. 노선

□ autobus 오또뷔쓰 n.m. 버스

= bus 뷔쓰 n.m.

□ car 꺄흐 n.m. 시외 장거리 버스, 관광버스

□ couloir d'autobus 꿀루아 도또뷔쓰 버스 전용 차로

□ station 스따씨옹 n.f. (버스·지하철) 역

□ terminus 떼흐미뉘쓰 n.m. 종착역, 종점

□ taxi 딱씨 n.m. 택시

□ taximètre 딱씨매트(흐) n.m. 택시미터기

□ tramway 트함웨 n.m. 트램

□ bicyclette 비씨끌렛뜨 n.f. 자전거

= vélo 벨로 n.m.

□ piste cyclable 삐스뜨 씨끌라블르 자전거 전용 도로

□ louer 루에 v. 임대하다, 빌리다

□ moto 모또 n.f. 오토바이

□ casque 꺄스끄 n.m. 헬멧

□ bateau 바또 n.m. 배, 선박

□ embarquer 엉바흐께 v. 승선하다, 승차하다

□ débarquer 데바흐께 v. 하선하다, 하차하다

□ port 뽀흐 n.m. 항구

□ mal de mer 말 드 메흐 뱃멀미

20. 비행기 예약

꼭! 써먹는 **실전 회화**

Xavier	Je voudrais réserver un vol pour Séoul. 즈 부드헤 헤제흐베 엉 볼 뿌흐 서울 서울행 비행기 티켓을 예약하려고 합니다.
L'employé de l'agence de voyage	Quand désirez-vous partir ? 깡 데지헤부 빠흐띠? 언제 떠날 예정인가요?
Xavier	Je souhaite partir entre le 20 et le 23 décembre. 즈 수에뜨 빠흐띠 엉트(흐) 르 뱅 에 르 뱅트후아 데썽브(흐) 12월 20일에서 23일 사이에 떠나고 싶어요.
L'employé	Voulez-vous un aller simple ou un aller-retour ? 불레부 어 날레 쌩쁠 우 어 날레흐뚜? 편도인가요, 왕복인가요?
Xavier	Un aller-retour. 엉 알레흐뚜 왕복으로요.

Unité 21.

운전 La conduite 라 꽁뒤뜨

□ voiture 부아뛰(흐) n.f. 자동차, 차

□ voiture décapotable
부아뛰(흐) 데꺄뽀따블르 오픈카

□ accélérateur 악쎌레하뙤
n.m. 액셀러레이터

□ accélérer 악쎌레헤
v. 속력을 내다

□ volant 볼랑
n.m. 핸들

□ ceinture de sécurité
쌩뛰(흐) 드 쎄뀌히떼 안전벨트

□ pneu 쁘느
n.m. 타이어

□ van 방 n.m. 밴

□ conduite 꽁뒤뜨 n.f. 운전

□ conduire 꽁뒤(흐) v. 운전하다

□ frein 프행 n.m. 브레이크

□ freiner 프헤네 v. 제동을 걸다, 멈추다

□ arrêter 아헤떼
v. 정지하다

□ phare 파(흐)
n.m. 전조등, 헤드라이트

□ klaxon 끌락쏜
n.m. 경적

□ coffre 꼬프(흐)
n.m. 트렁크

□ panneau de signalisation
빠노 드 씨냘리자씨옹 교통 표지판

□ feu (de signalisation)
프 (드 씨냘리자씨옹) n.m. 신호등

□ circulation 씨흐뀔라씨옹
n.f. 통행, 순환

□ code de la route 꼬드 들 라 후뜨
도로교통법

□ conduire en téléphonant
꽁뒤(흐) 엉 뗄레포낭
운전 중 통화

□ conduite en état d'ivresse
꽁뒤뜨 어 네따 디브헤쓰
음주 운전

□ contravention pour excès de vitesse
꽁트하벙씨옹 뿌흐 엑쌔 드 비떼쓰
속도 위반

□ conducteur 꽁뒥뙤,
conductrice 꽁뒥트히쓰
n. 운전자

□ limitation de vitesse
리미따씨옹 드 비떼쓰
규정 속도, 제한 속도

□ piéton 삐에똥,
piétonne 삐에똔
n. 보행자

□ station-service
스따씨옹쎄흐비쓰 n.f. 주유소

□ faire le plein d'essence
페(흐) 르 쁠랭 데썽쓰 주유하다

□ station de lavage
스따씨옹 드 라바즈 세차장

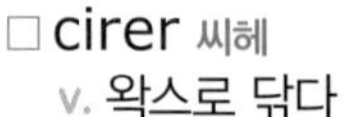

□ cirer 씨헤
v. 왁스로 닦다

□ stationner 스따씨오네
= se garer 쓰 갸헤
v. 주차하다

□ essence 에썽쓰
n.f. 휘발유, 가솔린

□ gazole 갸졸
= gasoil 갸주알
n.m. 경유, 디젤

□ litre 리트(흐) n.m. 리터

□ quantité 깡띠떼 n.f. 양

□ parking 빠흐낑
n.m. 주차장

□ parking payant 빠흐낑 뻬이양
유료 주차

□ parking interdit 빠흐낑 앵떼흐디
= défense de stationner
데펑스 드 스따씨오네
주차 금지

□ route 후뜨
n.f. 도로

□ trottoir 트호뚜아
n.m. 인도

□ ligne centrale 린뉴 썽트할
중앙선

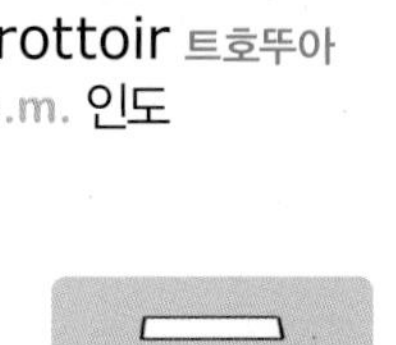

□ passage clouté 빠싸즈 끌루떼
횡단보도

□ carrefour 꺄흐푸
= croisement 크후아즈멍
n.m. 교차로

□ passage à niveau 빠싸즈 아 니보
(기찻길에 있는) 건널목

□ bouchon 부숑
n.m. 교통 체증

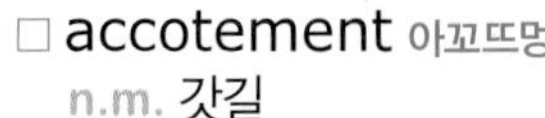

□ accotement 아꼬뜨멍
n.m. 갓길

□ embouteillage 엉부떼이아즈
n.m. 교통 혼잡

□ permis de conduire
뻬흐미 드 꽁뒤(흐) 운전 면허증

□ examen du permis de conduire 에그자멍 뒤 뻬흐미 드 꽁뒤(흐)
운전 면허 시험

□ conduire 꽁뒤(흐) v. 운전하다

Non, merci. Je ne peux pas boire car je dois conduire.
농, 메흐씨. 즈 느 쁘 빠 부아(흐) 꺄흐 즈 두아 꽁뒤(흐)
고맙지만 운전 때문에 술은 못 마셔요.

□ conduite 꽁뒤뜨 n.f. 운전

□ voiture 부아뛰(흐) n.f. 자동차, 차

□ van 방 n.m. 밴

□ voiture décapotable 부아뛰(흐) 데까뽀따블르 오픈카

J'ai loué une voiture décapotable pour voyager avec ma copine.
줴 루에 윈 부아뛰(흐) 데꺄뽀따블르 뿌흐 부아이야제 아베끄 마 꼬삔
여자 친구와 여행 가려고 오픈카를 빌렸어요.

□ volant 볼랑 n.m. 핸들

□ ceinture de sécurité 쌩뛰(흐) 드 쎄뀌히떼 안전벨트

□ accélérer 악쎌레헤 v. 속력을 내다

□ accélérateur 악쎌레하뙤 n.m. 액셀러레이터

□ appuyer sur l'accélérateur 아쀠예 쒸흐 락쎌레하뙤 액셀을 밟다

En accélérant soudainement, cette voiture rouge a causé un accident.
어 낙쎌레항 쑤덴멍, 쎗뜨 부아뛰(흐) 후즈 아 꼬제 어 낙씨덩
저 빨간 차가 갑자기 속력을 내는 바람에 사고가 났어요.

□ arrêter 아헤떼 v. 정지하다

□ freiner 프헤네 v. 제동을 걸다

□ frein 프행 n.m. 브레이크

□ frein à main 프행 아 맹 핸드브레이크

□ appuyer sur le frein 아쀠예 쒸흐 르 프행 브레이크를 밟다

□ capot 꺄뽀 n.m. 보닛

Jean a ouvert le capot pour examiner le moteur.
장 아 우베 르 꺄뽀 뿌흐 에그자미네 르 모뙤
장은 엔진을 확인하려고 보닛을 열었어요.

□ coffre 꼬프(흐) n.m. 트렁크

□ phare 파(흐) n.m. 전조등, 헤드라이트

□ clignotant 끌리뇨땅 n.m. 방향 지시등
□ warning 워흐닝 n.m. (자동차의) 비상등
□ mettre les warnings 메트(흐) 레 워흐닝 차의 비상등을 켜다

□ klaxon 끌락쏜 n.m. 경적

L'usage du klaxon est interdit.
뤼자즈 뒤 끌락손 에 땡떼흐디
경적을 울리면 안 돼요.

□ rétroviseur intérieur 헤트호비죄 앵떼히외 룸미러

□ rétroviseur extérieur 헤트호비죄 엑스떼히외 사이드 미러

□ essuie-glace 에쒸글라쓰 n.m. 와이퍼

□ pare-chocs 파(흐)쇼끄 n.m. 범퍼

□ numéro d'immatriculation (d'une voiture)
뉘메호 디마트히뀔라씨옹 (뒨 부아뛰(흐)) 자동차 등록번호

□ plaque d'immatriculation 쁠라끄 디마트히뀔라씨옹 (자동차의) 번호판

□ pneu 쁘느 n.m. 타이어

□ pneu neige 쁘느 네즈 스노우 타이어
□ roue 후 n.f. (자동차 등의) 바퀴
□ roue de secours 후 드 스꾸(흐) 스페어 타이어, 예비 타이어

□ éclater 에끌라떼 v. 터지다, 펑크 나다
= crever 크흐베

Un pneu est crevé.
엉 쁘느 에 크흐베
타이어가 펑크 났어요.

□ code de la route 꼬드 들 라 후뜨 도로교통법

□ contravention 꽁트하벙씨옹 n.f. 위반
□ amende 아멍드 n.f. 벌금
□ contravention pour excès de vitesse
꽁트하벙씨옹 뿌흐 엑쌔 드 비떼쓰 속도 위반
□ conduire en téléphonant 꽁뒤(흐) 엉 뗄레포낭 운전 중 통화
□ conduite en état d'ivresse 꽁뒤뜨 어 네따 디브헤쓰 음주 운전

J'ai reçu une amende pour avoir conduit en téléphonant.
줴 흐쒸 윈 아멍드 뿌흐 아부아 꽁뒤 엉 뗄레포넝
운전 중 전화를 하다가 벌금을 부과받았어요.

□ panneau de signalisation 빠노 드 씨냘리자씨옹 교통 표지판
□ panneau indicateur 빠노 앵디꺄뙤 (도로) 표지판
□ panneau avertisseur 빠노 아베흐띠쐬 경고 표지판

□ circulation 씨흐뀔라씨옹 n.f. 통행, 순환

□ feu (de signalisation) 프 (드 씨냘리자씨옹) n.m. 신호등

□ passage clouté 빠싸즈 끌루떼 횡단보도

□ passage à niveau 빠싸즈 아 니보 (기찻길에 있는) 건널목

□ vitesse 비떼쓰 n.f. 속도
□ limitation de vitesse 리미따씨옹 드 비떼쓰 규정 속도, 제한 속도

Prenez garde à la limitation de vitesse.
프흐네 갸흐드 알 라 리미따씨옹 드 비떼쓰
규정 속도를 지키세요.

□ rapide 하삐드 a. 빠른
= vite 비뜨

□ lent(e) 렁(뜨) a. 느린

□ conducteur 꽁뒥뙤, conductrice 꽁뒥트히쓰 n. 운전자

□ piéton 삐에똥, piétonne 삐에똔 n. 보행자

□ station-service 스따씨옹쎄흐비쓰 n.f. 주유소

□ faire le plein d'essence 페(흐) 르 쁠랭 데썽쓰 주유하다

□ essence 에썽쓰 n.f. 휘발유, 가솔린
□ gazole 갸졸 n.m. 경유, 디젤
= gasoil 갸주알
□ gaz naturel 갸즈 나뛰헬 천연가스

Combien coûte le litre d'essence ?
꽁삐엉 꾸뜨 르 리트(흐) 데썽쓰?
리터당 기름값이 얼마죠?

□ litre 리트(흐) n.m. 리터

□ quantité 깡띠떼 n.f. 양

□ station de lavage 스따씨옹 드 라바즈 세차장

□ laver une voiture 라베 윈 부아뛰(흐) 세차하다

□ cirer 씨헤 v. 왁스로 닦다

□ parking 빠흐낑 n.m. 주차장
□ parking public 빠흐낑 쀠블리끄 공영 주차장
□ parking gratuit 빠흐낑 그하뛰 무료 주차장
□ parking payant 빠흐낑 뻬이양 유료 주차장

□ stationner 스따씨오네 v. 주차하다

= se garer 쓰 갸헤

Où peut-on se garer dans Paris ?
우 쁘똥 쓰 갸헤 당 빠히?
파리에서는 어디에 주차할 수 있나요?

□ parking interdit 빠흐낑 앵떼흐디 주차 금지

= défense de stationner 데펑스 드 스따씨오네

□ embouteillage 엉부떼이아즈 n.m. 교통 혼잡

□ bouchon 부숑 n.m. 교통 체증

□ demi-tour 드미뚜흐 n.m. 유(U)턴

□ tourner à gauche 뚜흐네 아 고슈 좌회전하다

□ tourner à droite 뚜흐네 아 드후아뜨 우회전하다

□ permis de conduire 뻬흐미 드 꽁뒤(흐) 운전 면허증

Veuillez me montrer votre permis de conduire.
뵈이에 므 몽트헤 보트(흐) 뻬흐미 드 꽁뒤(흐)
운전 면허증을 보여 주세요.

□ examen du permis de conduire 에그자멍 뒤 뻬흐미 드 꽁뒤(흐)

운전 면허 시험

□ route 후뜨 n.f. 도로

□ autoroute 오또후뜨 n.f. 고속도로

□ trottoir 트호뚜아 n.m. 인도

Il vous faut balayer la neige sur le trottoir devant votre appartement.
일 부 포 발레이에 라 네즈 쒸흐 르 트호뚜아 드방 보트(흐) 아빠흐뜨멍
아파트 앞 인도 위의 눈은 당신이 쓸어야 해요.

□ ligne centrale 린뉴 썽트할 중앙선

□ carrefour 꺄흐푸 n.m. 교차로
= croisement 크후아즈멍 n.m.

□ accotement 아꼬뜨멍 n.m. 갓길

□ dos d'âne 도 단 과속방지턱

□ tunnel 뛰넬 n.m. 터널

□ sortir d'un tunnel 쏘흐띠 덩 뛰넬
터널을 빠져나오다

21. 교통 위반

꼭! 써먹는 **실전 회화**

Le policier Monsieur, veuillez me montrer votre permis de conduire.
므씨으, 뵈이에 므 몽트헤 보트(흐) 뻬흐미 드 꽁뒤(흐)
선생님, 운전 면허증 좀 보여주세요.

Xavier Ai-je roulé trop vite ?
에즈 훌레 트호 비뜨?
제가 너무 과속했나요?

Le policier Non, mais vous avez brûlé le feu rouge.
농, 메 부 자베 브휠레 르 프 후즈
아닙니다, 하지만 빨간불은 그냥 지나치셨네요.

Xavier Désolé. Alors, il y a une amende ?
데졸레. 알로, 일 리 아 윈 아멍드?
죄송합니다. 그러면 벌금이 있나요?

Le policier Oui, il y a une petite amende.
위, 일 리 아 윈 쁘띠뜨 아멍드
네, 약간의 벌금이 있어요.

Unité 22.

숙박 Le logement 르 로즈멍

□ logement 로즈멍
n.m. 숙소, 숙박

□ hôtel 오뗄
n.m. 호텔

□ réception 헤쎕씨옹
n.f. 접수, 프론트데스크

□ check-in 체끄인
n.m. 체크인

□ check-out 체끄아웃
n.m. 체크아웃

□ chambre double
샹브(흐) 두블르 더블룸

□ chambre simple
샹브(흐) 쌩쁠 싱글룸

□ service de chambre
쎄흐비쓰 드 샹브(흐) 룸서비스

□ climatisation 끌리마띠자씨옹
n.f. 냉방, 냉방 시설

□ équipement 에끼쁘멍
n.m. 시설, 설비

□ chauffage 쇼파즈
n.m. 난방

□ réceptionniste 헤셉씨오니스뜨
n. 안내원, 프론트 담당자

□ bagagiste 바가지스뜨
n. 수하물 담당 직원

□ femme de chambre
팜 드 샹브(흐)
n.f. 객실 담당 여직원, 메이드

□ salle de restaurant
쌀 드 헤스또랑 식당

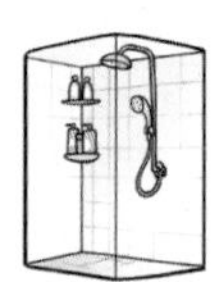

□ salle de douche 쌀 드 두슈
샤워실

□ salle de blanchisserie
쌀 드 블랑쉬쓰히 세탁실

□ toilettes 뚜알렛뜨
n.f.pl. 화장실

□ propre 프호프(흐)
a. 깨끗한, 청결한

□ sale 쌀
a. 지저분한, 불결한

□ confortable 꽁포흐따블르
= commode 꼬모드
a. 편안한, 안락한

□ inconfortable 앵꽁포흐따블르
= incommode 앵꼬모드
a. 불편한

□ réserver 헤제흐베
v. 예약하다

□ numéro de chambre
뉘메호 드 샹브(흐) 방 호수

□ dortoir 도흐뚜아
n.m. 공동 침실

□ tarif 따히프
n.m. 가격(표), 요금(표)

□ haute saison 오뜨 쎄종
성수기

□ balcon 발꽁
n.m. 발코니

□ terrasse 떼하쓰
n.f. 테라스

□ annuler 아뉠레
v. 취소하다

□ supplément 쒸쁠레멍
n.m. 추가, 보충, 추가 요금

□ régler 헤글레
v. (비용을) 치르다, 결산하다

□ séjour 쎄주
n.m. 체류, 체류 기간

□ taxe 딱쓰
n.f. 세금, 세액

□ basse saison 바쓰 쎄종
비수기

□ coffre individuel
꼬프(흐) 앵디비뒤엘
개인 금고

□ parasol 빠하쏠
n.m. 파라솔

□ drap 드하
n.m. 침대 시트

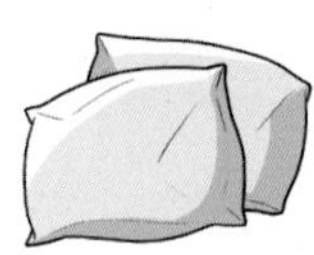

□ oreiller 오헤이에
n.m. 베개

□ papier toilette
빠삐에 뚜알렛뜨 휴지

□ shampoing 샹뿌앙
n.m. 샴푸

□ dentifrice 덩띠프히쓰
n.m. 치약

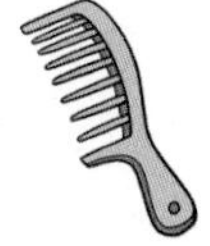

□ peigne 뻬뉴
n.m. 빗

□ couverture 꾸베흐뛰(흐) n.f. 담요, 이불

□ couette 꾸엣뜨 n.f. (깃털) 이불

□ serviette de bain 쎄흐비엣뜨 드 뱅
수건, 타월

□ boîte à mouchoirs 부아뜨 아 무슈아
곽티슈

□ rasoir 하주아
n.m. 면도기

□ brosse à dents 브호쓰 아 덩
칫솔

□ sèche-cheveux 쌔슈슈브
n.m. 드라이어

□ **loger** 로제 v. 묵다, 숙박하다

□ **logement** 로즈멍 n.m. 숙소, 숙박

J'ai enfin réservé un logement à Paris.
줴 엉팽 헤제흐베 엉 로즈망 아 빠히
드디어 파리에서 묵을 숙소를 예약했어요.

□ **hébergement** 에베흐즈멍 n.m. 숙박

□ **hôtel** 오뗄 n.m. 호텔

□ **réception** 헤쎕씨옹 n.f. 접수, 프론트데스크

Jusqu'à quelle heure ouvre la réception ?
쥐스꺄 껠 뢰(흐) 우브(흐) 라 헤쎕씨옹?
접수 데스크는 몇 시까지 열려 있나요?

□ **check-in** 체끄인 n.m. 체크인

□ **check-out** 체끄아웃 n.m. 체크아웃

□ **chambre double** 샹브(흐) 두블르 더블룸

□ **chambre simple** 샹브(흐) 쌩쁠 싱글룸

Toutes les chambres simples sont déjà réservées.
뚜드 레 샹브(흐) 생쁠 송 데자 헤제흐베
싱글룸은 전부 이미 예약되었습니다.

□ **suite** 쒸이뜨 n.f. (호텔 객실의) 스위트룸

□ **numéro de chambre** 뉘메호 드 샹브(흐) 방 호수

□ **service de chambre** 쎄흐비쓰 드 샹브(흐) 룸서비스
= **room service** 훔 쎄흐비쓰

□ **se plaindre** 쓰 쁠랭드(흐) v. 불평하다, 항의하다

□ chauffage 쇼파즈 n.m. 난방

□ équipement 에끼쁘멍 n.m. 시설, 설비

□ climatisation 끌리마띠자씨옹 n.f. 냉방, 냉방 시설

La climatisation de ma chambre ne fonctionne pas bien.
라 끌리마띠자씨옹 드 마 샹브(흐) 느 퐁씨온 빠 비엉
저희 방 냉방이 잘 안 돼요.

□ ventilation 벙띨라씨옹 n.f. 환기, 환기 시설
= aération 아에하씨옹 n.f.

□ réceptionniste 헤셉씨오니스뜨 n. 안내원, 프론트 담당자

□ femme de chambre 팜 드 샹브(흐) n.f. 객실 담당 여직원, 메이드

La femme de chambre est chargée de nettoyer et remettre en ordre les chambres de l'hôtel.
라 팜 드 샹브(흐) 에 샤흐제 드 넷뚜아이예 에 흐메트(흐) 어 노흐드(흐) 레 샹브(흐) 드 로뗄
객실 여직원은 호텔 방들을 청소하고 정리하는 일을 담당합니다.

□ bagagiste 바갸지스뜨 n. 수하물 담당 직원

□ salle de douche 쌀 드 두슈 샤워실

□ toilettes 뚜알렛뜨 n.f.pl. 화장실

□ blanchisserie 블랑쉬쓰히 n.f. 세탁실

La blanchisserie est au rez-de-chaussée.
라 블라쉬쓰히 에 또 헤드쇼쎄
세탁실은 1층에 있어요.

□ coffre-fort 꼬프흐포흐 n.m. 금고

□ coffre individuel 꼬프(흐) 앵디비뒤엘 개인 금고

□ mini-bar 미니바 n.m. 미니바

□ se servir de 쓰 쎄흐비 드 ~을 이용하다, ~을 사용하다

tip. se servir de는 시설 등을 이용하는 것을 가리킵니다.
utiliser도 '이용하다, 사용하다'라는 뜻이 있지만, 주로 도구를 사용한다는 의미로 사용되지요.

□ salle de restaurant 쌀 드 헤스또항 식당

□ propre 프호프(흐) a. 깨끗한, 청결한

J'ai trouvé un hôtel qui date un peu mais qui est propre.
줴 트후베 어 노뗄 끼 다뜨 엉 쁘 메 끼 에 프호프(흐)
좀 오래되었지만 깨끗한 호텔을 찾았어요.

□ sale 쌀 a. 지저분한, 불결한

□ confortable 꽁포흐따블르 a. 편안한, 안락한
= commode 꼬모드

□ inconfortable 앵꽁포흐따블르 a. 불편한
= incommode 앵꼬모드

□ balcon 발꽁 n.m. 발코니

Les chambres avec balcon sont très recherchés des touristes.
레 샹브(흐) 아베끄 발꽁 쏭 트헤 흐쉐흐쉐 데 뚜히스뜨
발코니가 있는 방들이 관광객들에게 아주 인기가 좋지요.

□ terrasse 떼하쓰 n.f. 테라스

□ vue 뷔 n.f. 전망
□ vue sur la mer 뷔 쒸흐 라 메흐 바다 전망
□ vue sur la ville 뷔 쒸흐 라 빌 시내 전망

□ parasol 빠하쏠 n.m. 파라솔

□ piscine 삐씬 n.f. 수영장
□ piscine couverte 삐씬 꾸베흐뜨 실내 수영장
□ piscine en plein air 삐씬 엉 쁠랭 에흐 야외 수영장

Puis-je utiliser la piscine en plein air ?
쀠즈 위띨리제 라 삐씬 엉 쁠랭 에흐?
야외 수영장을 사용할 수 있나요?

□ tarif 따히프 n.m. 가격(표), 요금(표)

□ tarif plein 따히프 쁠랭 전액 요금(할인되지 않은 요금)

□ tarif réduit 따히프 헤뒤 할인 요금

□ régler 헤글레 v. (비용을) 치르다, 결산하다

Je voudrais régler ma note.
즈 부드헤 헤글레 마 노뜨
숙박 요금을 치를게요.

□ supplémentaire 쒸쁠레멍떼(흐) a. 추가의, 보충의

□ supplément 쒸쁠레멍 n.m. 추가, 보충, 추가 요금

Combien coûte le supplément pour les appels à l'étranger ?
꽁비엉 꾸뜨 르 쒸쁠레멍 뿌흐 레 자뻴 아 레트항제?
국제 전화 사용에 대한 추가 요금은 얼마인가요?

□ taxe 딱쓰 n.f. 세금, 세액

□ nuitée 뉘떼 n.f. 하룻밤 숙박

tip. nuitée는 주로 호텔 등에서 하룻밤 숙박을 가리키는 단어로, 흔히 '몇 박 며칠'을 말할 때는 간단하게 jour와 nuit를 써요. 예를 들어 2박 3일이면, 'trois jours deux nuits'라고 하지요.

□ haute saison 오뜨 쎄종 성수기

□ basse saison 바쓰 쎄종 비수기

□ séjourner 쎄주흐네 v. 머물다, 체류하다

Combien de jours pensez-vous séjourner ici?
꽁비엉 드 주흐 뻥쎄부 쎄주흐네 이씨?
얼마 동안 체류할 예정이신가요?

□ séjour 쎄주 n.m. 체류, 체류 기간

□ rester 헤스떼 v. 머물다

□ chaîne d'hôtel 쉔 도뗄 체인 호텔

□ hôtel de grand luxe 오뗄 드 그항 뤽쓰 특급 호텔

□ auberge de jeunesse 오베흐즈 드 죄네쓰 유스호스텔

Je pense qu'il serait mieux de réserver une auberge de jeunesse.
즈 뻥쓰 낄 쓰헤 미으 드 헤제흐베 윈 오베흐즈 드 죄네쓰
유스호스텔을 예약하는 게 나을 것 같아요.

□ pension de famille 뻥씨옹 드 파미이 민박

□ dortoir 도흐뚜아 n.m. 공동 침실

□ réserver 헤제흐베 v. 예약하다

□ annuler 아뉠레 v. 취소하다

□ drap 드하 n.m. 침대 시트

□ couette 꾸엣뜨 n.f. (깃털) 이불

□ couverture 꾸베흐뛰(흐) n.f. 담요, 이불

□ oreiller 오헤이에 n.m. 베개

□ serviette de bain 쎄흐비엣뜨 드 뱅 수건, 타월

Pourriez-vous apporter deux serviettes de bain supplémentaires dans la chambre deux cent trois ?
뿌히에부 아뽀흐떼 드 쎄흐비엣뜨 드 뱅 쉬쁠레멍떼(흐) 당 라 샹브(흐) 드 썽 트후아?
203호에 수건 두 장 더 주시겠어요?

□ shampoing 샹뿌앙 n.m. 샴푸

□ rinçage 행싸즈 n.m. 린스

□ brosse à dents 브호쓰 아 덩 칫솔

□ dentifrice 덩띠프히쓰 n.m. 치약

□ peigne 뻬뉴 n.m. 빗

□ sèche-cheveux 쌔슈슈브 n.m. 드라이어

□ rasoir 하주아 n.m. 면도기

□ papier toilette 빠삐에 뚜알렛뜨 화장지, 휴지

□ mouchoir 무슈아 n.m. 티슈

□ boîte à mouchoirs 부아뜨 아 무슈아 곽티슈

22. 숙소 예약

꼭! 써먹는 **실전 회화**

Julie As-tu réservé le logement ?
아뛰 헤제흐베 르 로즈멍?
숙소는 예약했어?

Xavier Je n'ai pas encore trouvé d'hôtel qui me plaît.
즈 네 빠 정꼬(흐) 트후베 도뗄 끼 므 쁠레
아직 마음에 드는 호텔을 찾지 못했어.

Julie Tu peux choisir après avoir lu en ligne les commentaires concernant chaque hôtel.
뛰 쁘 슈아지 아프헤 아부아 뤼 엉 린뉴 레 꼬멍떼(흐) 꽁쎄흐낭 샤끄 오뗄
온라인으로 각 호텔에 대한 후기를 읽어보고 선택해.

Xavier C'est une bonne idée.
쎄 뛴 본 이데
그거 좋은 생각이야.

Unité 23.

관광 Le tourisme 르 뚜히즘

□ tourisme 뚜히즘
n.m. 관광

□ touriste 뚜히스뜨
n. 관광객

□ accueil 아뀌에이
= renseignement 헝쎄뉴멍
n.m. 안내

□ guide 기드 n.m. 안내원, 가이드

□ monument 모뉘멍 n.m. 기념물, 기념비

□ tour Eiffel 뚜흐 에펠 에펠탑

□ château 샤또
n.m. 성, 성채

□ château de Versailles
샤또 드 베흐싸이 베르사유 궁전

□ office de tourisme
오피쓰 드 뚜히즘 관광 안내소

□ site touristique 씨뜨 뚜히스띠끄
관광지

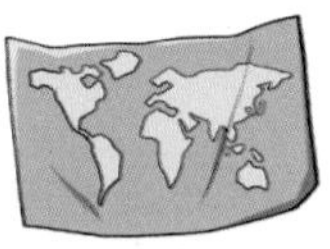

□ plan 쁠랑
n.m. 지도, 계획

□ gastronomie 갸스트호노미
n.f. 식도락

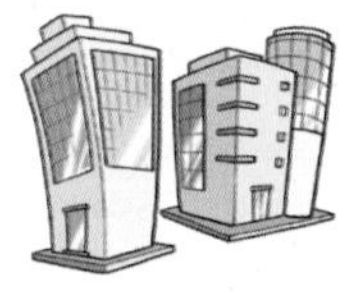

□ bâtiment 바띠멍 n.m. 건물

□ palais 빨레 n.m. 궁전, 대저택

□ cathédrale 꺄떼드할
n.f. 성당

□ cathédrale Notre Dame de Paris 꺄떼드할 노트(흐) 담 드 빠히
파리 노트르담 성당

□ place 쁠라쓰
n.f. 광장

□ paysage 뻬이자즈
n.m. 경치, 풍경

□ place de la Concorde
쁠라쓰 들 라 꽁꼬흐드 콩코드 광장

□ site archéologique
씨뜨 아흐께올로지끄 유적지

□ musée 뮈제
n.m. 박물관, 미술관

□ musée du Louvre
뮈제 뒤 루브(흐) 루브르 박물관

□ exposition 엑스뽀지씨옹
n.f. 전시회

□ parc zoologique
빠흐끄 조올로지끄 동물원

□ jardin botanique
자흐댕 보따니끄 식물원

□ visite 비지뜨
n.f. 방문, 관람

□ célèbre 쎌래브(흐)
a. 유명한

□ impressionnant(e)
앵프헤씨오낭(뜨)
a. 인상적인

□ majestueux 마제스뛰으,
majestueuse 마제스뛰으즈
a. 장엄한

□ voyage 부아이야즈
n.m. 여행

□ faire un plan 페(흐) 엉 쁠랑
계획을 세우다, 계획하다

□ itinéraire 이띠네헤(흐)
n.m. 여정, 여행 코스

□ participer 빠흐띠씨뻬
v. 참여하다

□ destination 데스띠나씨옹
n.f. 목적지

□ région 헤지옹
n.f. 지역

□ budget 뷧제
n.m. 예산

□ programme touristique
프호그함 뚜히스띠끄 투어 프로그램

□ individu 앵디비뒤
n.m. 개인

□ groupe 그후쁘
n.m. 단체

□ ville 빌
n.f. 도시

□ campagne 깡빠뉴
n.f. 시골, 농촌

□ historique 이스또히끄
a. 역사적인

□ commercial(e) 꼬메흐씨알
a. 상업적인

□ montagne 몽따뉴
n.f. 산

□ vallée 발레
n.f. 계곡

□ mer 메흐
n.f. 바다

□ plage 쁠라즈
n.f. 해변

□ lac 라끄
n.m. 호수

□ rivière 히비애(흐) n.f. 강

□ fleuve 플뢰브 n.m. 큰 강

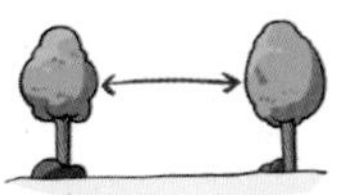

□ distance 디스땅쓰
n.f. 거리, 간격

□ rue 휘
n.f. 길, 가(街)

□ souvenir 쑤브니
n.m. 기념품
v. 기억나다, 생각나다

□ selfie 쎌피 셀프 카메라

□ prendre une photo
프헝드(흐) 윈 포또 사진(을) 찍다

□ tourisme 뚜히즘 n.m. 관광

□ office de tourisme 오피쓰 드 뚜히즘 관광 안내소

À l'office du tourisme, on renseigne les touristes avec gentillesse.
알 로피쓰 뒤 뚜히즘, 옹 헝쎄뉴 레 뚜히스뜨 아베끄 정띠에쓰
관광 안내소에서는 관광객들에게 친절하게 안내해 줘요.

□ renseigner 헝쎄녜 v. 정보를 제공하다

□ renseignement 헝쎄뉴멍 n.m. 안내
= accueil 아뀌에이 n.m.

□ gastronomie 갸스트호노미 n.f. 식도락

□ plan 쁠랑 n.m. 계획, 지도

Est-ce que je peux avoir un plan touristique ?
에스끄 즈 쁘 자부아 엉 쁠랑 뚜히스띠끄?
관광 안내 지도 한 장 받을 수 있을까요?

□ guide 기드 n.m. 안내원, 가이드

□ touriste 뚜히스뜨 n. 관광객

□ site touristique 씨뜨 뚜히스띠끄 관광지

□ monument 모뉘멍 n.m. 기념물, 기념비
□ tour Eiffel 뚜흐 에펠 에펠탑
□ arc de triomphe 아흐끄 드 트히옹프 개선문

Ce monument est établi en souvenir des soldats inconnus.
쓰 모뉘멍 에 떼따블리 엉 쑤브니 데 쏠다 쟁꼬뉘
이 기념비는 무명 용사들을 기리기 위해 세워졌습니다.

□ bâtiment 바띠멍 n.m. 건물

□ château 샤또 n.m. 성, 성채

□ château de Versailles 샤또 드 베흐싸이 베르사유 궁전

□ cathédrale 꺄떼드할 n.f. 성당

□ cathédrale Notre Dame de Paris 꺄떼드할 노트(흐) 담 드 빠히 파리 노트르담 성당

□ temple 떵쁠 n.m. 사원

Lorsque je vais dans un temple bouddhique, je me sens tranquillisé.
로호스끄 즈 베 당 정 떵쁠 부디끄, 즈 므 썽 트항낄리제
절에 가면 마음이 안정되는 것 같아요.

□ paysage 뻬이자즈 n.m. 경치, 풍경

□ site archéologique 씨뜨 아흐께올로지끄 유적지

□ musée 뮈제 n.m. 박물관, 미술관

□ musée du Louvre 뮈제 뒤 루브(흐) 루브르 박물관

□ ouverture 우베흐뛰(흐) n.f. 개장, 열기

□ fermeture 페흐므뛰(흐) n.f. 폐장, 닫기

□ exposition 엑스뽀지씨옹 n.f. 전시회

L'exposition de Marcel Duchamp se trouve au Centre Pompidou.
렉스뽀지씨옹 드 마흐셀 뒤샹 쓰 트후브 오 썽트(흐) 뽕삐두
마르셀 뒤샹 전시회가 퐁피두 센터에서 있어요.

□ œuvre 외브(흐) n.f. 작품

□ palais 빨레 n.m. 궁전, 대저택

□ roi 후아 n.m. 왕

□ reine 헨 n.f. 여왕, 왕비

□ prince 프행쓰 n.m. 왕자, 대공

□ princesse 프행쎄쓰 n.f. 왕녀, 공주

□ place 쁠라쓰 n.f. 광장

□ place de la Concorde 쁠라쓰 들 라 꽁꼬흐드 콩코드 광장

□ parc 빠흐끄 n.m. 공원

□ parc zoologique 빠흐끄 조올로지끄 동물원

□ jardin botanique 자흐댕 보따니끄 식물원

□ parc d'attractions 빠흐끄 다트학씨옹 놀이공원

Quel est le parc d'attraction le plus populaire de France ?
껠 레 르 빠흐끄 다트학씨옹 르 쁠뤼 뽀쀨레(흐) 드 프항쓰?
프랑스에서 제일 유명한 놀이공원이 어디인가요?

□ visite 비지뜨 n.f. 방문, 관람

□ célèbre 쎌래브(흐) a. 유명한

□ impressionnant(e) 앵프헤씨오낭(뜨) a. 인상적인

Son œuvre est la plus impressionnante dans cette exposition.
쏘 뇌브(흐) 에 라 쁠뤼 앵프헤씨오낭뜨 당 쎗뜨 엑스뽀지씨옹
그의 작품이 이 전시회에서 가장 인상적이에요.

□ majestueux 마제스뛰으, majestueuse 마제스뛰으즈 a. 장엄한

□ historique 이스또히끄 a. 역사적인

□ commercial(e) 꼬메흐씨알 a. 상업적인

□ programme touristique 프호그함 뚜히스띠끄 투어 프로그램

Je n'aime pas participer à des programmes touristiques car c'est commercial.
즈 넴 빠 빠흐띠씨뻬 아 데 프호그함 뚜히스띠끄 꺄흐 쎄 꼬메흐씨알
전 투어 프로그램은 상업적이어서 참여하고 싶지 않아요.

□ croisière 크후아지애(흐) n.f. 크루즈 여행

□ guider 기데 v. 인도하다, 안내하다

□ participer 빠흐띠씨뻬 v. 참여하다

□ voyage 부아야즈 n.m. 여행

□ individu 앵디비뒤 n.m. 개인

□ groupe 그후쁘 n.m. 단체

La réservation est obligatoire pour toute visite en groupe au musée.
라 헤제흐바씨옹 에 또블리갸뚜아 뿌흐 뚜뜨 비지뜨 엉 그후쁘 오 뮈제
단체로 박물관에 방문하려면 예약이 필수입니다.

□ itinéraire 이띠네헤(흐) n.m. 여정, 여행 코스

□ budget 뷧제 n.m. 예산

□ région 헤지옹 n.f. 지역

□ ville 빌 n.f. 도시

Lyon est une ville historique et culturelle.
리옹 에 뛴 빌 이스또히끄 에 뀔뛰헬
리옹은 역사적이면서 문화적인 도시예요.

□ campagne 깡빠뉴 n.f. 시골, 농촌

□ montagne 몽따뉴 n.f. 산

□ vallée 발레 n.f. 계곡

□ rivière 히비애(흐) n.f. 강

□ fleuve 플뢰브 n.m. 큰 강

□ lac 라끄 n.m. 호수

□ mer 메흐 n.f. 바다

□ plage 쁠라즈 n.f. 해변

□ entrer 엉트헤 v. 들어가다

□ entrée 엉트헤 n.f. 입장, 입구; 입장료

Combien coûte l'entrée au musée d'Orsay ?
꽁비엉 꾸뜨 렁트헤 오 뮈제 도흐쎄?
오르세 미술관 입장료가 얼마죠?

□ prix d'entrée 프히 덩트헤 입장료

□ billet d'entrée 비에 덩트헤 입장권

□ sortir 쏘흐띠 v. 나가다

□ sortie 쏘흐띠 n.f. 출구

□ faire un plan 페(흐) 엉 쁠랑 계획을 세우다

□ destination 데스띠나씨옹 n.f. 목적지

Je choisirai une destination en fonction du budget.
즈 슈아지헤 윈 데스띠나씨옹 엉 퐁씨옹 뒤 뷧제
예산에 맞춰 여행지를 정할 거예요.

□ rue 휘 n.f. 길, 가(街)

□ avenue 아브뉘 n.f. 큰 길, 통로

□ distance 디스땅쓰 n.f. 거리, 간격

□ prendre une photo 프헝드(흐) 윈 포또 사진을 찍다

□ selfie 쎌피 셀프 카메라

tip. selfie는 새롭게 만들어진 단어이기 때문에 아직까지 정확한 성 구분이 없어요.

□ souvenir 쑤브니 n.m. 기념품 v. 기억나다, 생각나다

J'ai acheté un cadeau pour ma mère à la boutique de souvenirs.
줴 아슈떼 엉 꺄도 뿌흐 마 매(흐) 알 라 부띠끄 드 쑤브니
기념품 가게에서 엄마께 드릴 선물을 샀어요.

□ cadeau 꺄도, pl. cadeaux 꺄도 n.m. 선물

□ carte postale 꺄흐뜨 뽀스딸 엽서

□ porte-clés 뽀흐뜨끌레 n.m. 열쇠고리

□ produit local 프호뒤 로꺌 지역 특산물

□ ambassade 앙바싸드 n.f. 대사관

23. 여행

꼭! 써먹는 **실전 회화**

Xavier Je vais voyager au Viêt-nam.
즈 베 부아이야제 오 비엣남
난 베트남으로 여행 갈 거야.

Julie Qu'est-ce que tu vas faire pendant ton voyage ?
께스끄 뛰 바 페(흐) 뻥당 똥 부아이야즈?
여행에서 뭘 할 거야?

Xavier Je préfère me reposer, au lieu de faire du tourisme.
즈 프헤패(흐) 므 흐뽀제, 오 리으 드 페(흐) 뒤 뚜히즘.
난 관광 대신에 조용히 쉬고 싶어.

Julie Je pense que Da nang sera parfaite pour toi.
Cette ville est calme et très belle.
즈 뻥쓰 끄 다 낭 쓰하 빠흐페뜨 뿌흐 뚜아. 쎗뜨 빌 에 꺌므 에 트헤 벨
다낭이 너에겐 딱 좋을 것 같아.
그곳은 조용하고 아주 아름답거든.

Unité 24.

사건&사고 Les incidents et les accidents 레 쟁씨덩 에 레 작씨덩

□ souffrir 쑤프히
v. 아프다

□ blesser 블레쎄
v. 상처를 입히다

□ sang 쌍 n.m. 피

□ saigner 쎄녜 v. 피흘리다

□ hémostase 에모스따즈 n.f. 지혈

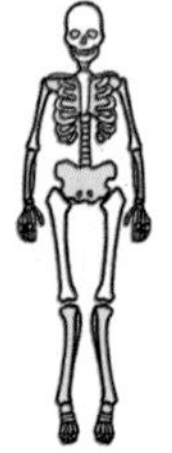

□ os 오쓰
n.m. 뼈

□ casser 꺄쎄
v. 부러지다

□ couper 꾸뻬
v. 베다

□ fracture 프학뛰(흐)
n.f. 골절

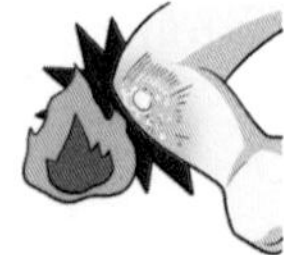

□ brûlure 브휠뤼(흐)
n.f. 화상

□ se brûler 쓰 브휠레
v. 데다

□ engelure 엉즐뤼(흐)
n.f. 동상

□ urgence 위흐정쓰
n.f. 응급, 긴급

□ ambulance 앙뷜랑쓰
n.f. 구급차, 앰뷸런스

□ service des urgences
쎄흐비쓰 데 쥐흐정쓰 응급실

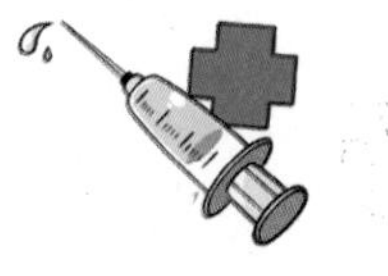

□ secours d'urgence
쓰꾸(흐) 뒤흐정쓰 응급 조치

□ bôite de premiers secours
부아뜨 드 프흐미에 쓰꾸(흐)
= trousse de secours
트후쓰 드 쓰꾸(흐)
구급상자

□ attaque cardiaque
아따끄 꺄흐디아끄 심장 마비

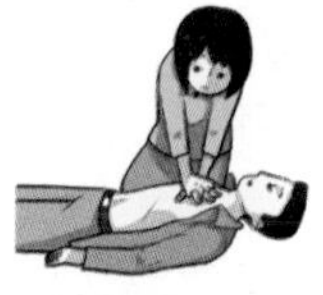

□ réanimation 헤아니마씨옹
n.f. 심폐소생술

□ s'évanouir 쎄바누이
= perdre conscience
뻬흐드(흐) 꽁씨엉쓰
v. 기절하다, 실신하다

□ attaque 아따끄
= crise 크히즈
n.f. 발작

□ soutenir 쑤뜨니
v. 부축하다

□ guérison 게히종
n.f. 치유, 진정

□ police 뽈리쓰
n.f. 경찰

□ poste de police 뽀스뜨 드 뽈리쓰
경찰서

□ déclaration 데끌라하씨옹
n.f. 신고

□ crime 크힘
n.m. 범죄

□ vol 볼
n.m. 도난

□ voleur 볼뢰, voleuse 볼르즈
n. 강도

□ pickpocket 삑뽀께
n.m. 소매치기

□ meurtre 뫼흐트(흐)
n.m. 살인

□ arnaque 아흐나끄
= escroquerie 에스크호끄히
n.f. 사기

□ disparition 디스빠히씨옹
n.f. 분실, 실종

□ objet perdu 오브제 뻬흐뒤
분실물

□ témoin 떼무앙
n.m. 증인, 목격자

□ accident 악씨덩
n.m. 사고

□ accident de la route
악씨덩 들 라 후뜨
= accident de la circulation
악씨덩 들 라 씨흐뀔라씨옹
= accident de voiture
악씨덩 드 부아뛰(흐)
교통사고

□ collision 꼴리지옹
n.f. 충돌

□ dépanneuse 데빠느즈
n.f. 견인차, 응급 수리차

□ heurter 외흐떼
v. 부딪히다, 충돌하다

□ fourrière 푸히애(흐)
n.f. 견인 차량 보관소

□ incendie 앵썽디
n.m. 화재

□ explosion 엑스쁠로지옹
n.f. 폭발

□ caserne de pompiers
꺄제흔느 드 뽕삐에
소방서

□ camion de pompiers
꺄미옹 드 뽕삐에
= autopompe 오또뽕쁘
n.f. 소방차

□ blesser 블레쎄 v. 상처를 입히다

Mon ami(e) est sévèrement blessé(e).
모 나미 에 쎄배흐멍 블레쎄
친구가 심하게 다쳤어요.

□ souffrir 쑤프히 v. 아프다

□ os 오쓰 n.m. 뼈

□ casser 꺄쎄 v. 부러지다

□ fracture 프학뛰(흐) n.f. 골절

Les fractures du poignet sont les plus fréquentes.
레 프학뛰(흐) 뒤 뿌아녜 쏭 레 쁠뤼 프헤껑뜨
손목 골절은 가장 흔한 골절입니다.

□ brûlure 브휠뤼(흐) n.f. 화상

□ se brûler 쓰 브휠레 v. 데다

Gérard s'est brûlé en jouant avec un briquet.
제하(흐) 쎄 브휠레 엉 주앙 아베끄 엉 브히께
제라르는 라이터로 장난을 치다가 화상을 입었어요.

□ engelure 엉즐뤼(흐) n.f. 동상

□ couper 꾸뻬 v. 베다

□ sang 쌍 n.m. 피

□ saigner 쎄녜 v. 피흘리다

Le processus d'hémostase permet d'arrêter le sang de couler.
르 프호쎄쒸 데모스따즈 뻬흐메 다헤떼 르 쌍 드 꿀레
지혈 과정은 피가 흐르는 것을 멈추게 한다.

□ hémostase 에모스따즈 n.f. 지혈

□ bandage 방다즈 n.m. 붕대

□ plâtre 쁠라트(흐) n.m. 깁스, 석고 붕대

Il a la jambe gauche dans le plâtre depuis hier.
일 라 라 장브 고슈 당 르 쁠라트(흐) 드쀠 이에
그는 어제부터 왼쪽 다리에 깁스를 하고 있어요.

□ sang-froid 쌍프후아 n.m. 냉정, 침착

□ urgence 위흐정쓰 n.f. 응급, 긴급

tip. 프랑스에서 응급 상황이 발생했을 때 화재나 각종 사고는 18번으로, 응급 진료는 15번, 그리고 경찰이 필요하면 17번으로 전화할 수 있습니다.
- 15 : 의료구급대
- 17 : 경찰
- 18 : 소방구조대
- 112 : EU 공통 긴급 상황(특히 휴대 전화)

□ secours 쓰꾸(흐) n.m. 도움, 구조
□ secours d'urgence 쓰꾸(흐) 뒤흐정쓰 응급 조치
□ bôite de premiers secours 부아뜨 드 프흐미에 쓰꾸(흐) 구급상자
= trousse de secours 트후쓰 드 쓰꾸(흐)

□ ambulance 앙뷜랑쓰 n.f. 구급차, 앰뷸런스

Une ambulance est en train d'arrivée.
윈 앙뷜랑쓰 에 떵 트행 다히베
지금 구급차가 오고 있어요.

□ service des urgences 쎄흐비쓰 데 쥐흐정쓰 응급실

□ attaque 아따끄 n.f. 발작
= crise 크히즈 n.f.
□ attaque cardiaque 아따끄 꺄흐디아끄 심장 마비
= crise cardiaque 크히즈 꺄흐디아끄

□ réanimation 헤아니마씨옹 n.f. 심폐소생술

□ étouffer 에뚜페 v. 숨이 막히다

□ étouffement 에뚜프멍 n.m. 질식, 숨막힘

□ s'évanouir 쎄바누이 v. 기절하다, 실신하다

= perdre conscience 뻬흐드(흐) 꽁씨엉쓰

□ soutenir 쑤뜨니 v. 부축하다

□ guérir 게히 v. 치료하다, (고통을) 진정시키다

Ma mère a guéri d'un cancer de l'estomac.
마 매(흐) 아 게히 덩 깡쎄 드 레스또마
저희 어머니는 위암에서 회복되셨어요.

□ guérison 게히종 n.f. 치유, 진정

□ police 뽈리쓰 n.f. 경찰

□ poste de police 뽀스뜨 드 뽈리쓰 경찰서

□ déclarer 데끌라헤 v. 신고하다, 선언하다

Pour déclarer un crime, appelez le cent douze ou le dix-sept.
뿌흐 데끌라헤 엉 크힘, 아쁠레 르 썽 두즈 우 르 디쎄뜨
범죄 신고는 112번이나 17번으로 전화하세요.

□ déclaration 데끌라하씨옹 n.f. 신고

□ crime 크힘 n.m. 범죄

□ criminel(le) 크히미넬 a. 죄를 저지른 n. 범죄자

□ voler 볼레 v. 훔치다, 도둑질하다

□ vol 볼 n.m. 도난

□ voleur 볼뢰, voleuse 볼르즈 n. 강도

On m'a volé mon portefeuille dans le bus.
옹 마 볼레 몽 뽀흐뜨푀이 당 르 뷔쓰
버스에서 소매치기를 당했어요.

□ pickpocket 삑뽀께 n.m. 소매치기

□ arnaque 아흐나끄 n.f. 사기

= escroquerie 에스크호끄히 n.f.

Récemment, il y a beaucoup d'arnaques sur internet ou par téléphone.
헤싸멍, 일 리 아 보꾸 다흐나끄 쒸흐 앵떼흐네뜨 우 빠흐 뗄레폰
요즘은 인터넷이나 전화 사기도 많아요.

□ escroc 에스크호 n.m. 사기꾼

□ meurtre 뫼흐트(흐) n.m. 살인

□ meurtrier 뫼흐트히에, meurtrière 뫼흐트히애(흐) n. 살인범

□ témoin 떼무앙 n.m. 증인, 목격자

□ disparition 디스빠히씨옹 n.f. 분실, 실종

□ perdre 뻬흐드(흐) v. 잃다, 분실하다

□ enfant perdu 엉팡 뻬흐뒤 미아

□ objet perdu 오브제 뻬흐뒤 분실물

□ bureau des objets trouvés 뷔호 데 조브제 트후베 분실물 보관소

J'ai perdu mon enfant !
줴 뻬흐뒤 모 닝팡!
아이를 잃어버렸어요!

□ accident 악씨덩 n.m. 사고

□ accident de la route 악씨덩 들 라 후뜨 교통사고

= accident de la circulation 악씨덩 들 라 씨흐뀔라씨옹

= accident de voiture 악씨덩 드 부아뛰(흐)

□ collision 꼴리지옹 n.f. 충돌

Il y a eu une collision entre des voitures.
일 리 아 위 윈 꼴리지옹 엉트(흐) 데 부아뛰(흐)
충돌 사고가 있었어요.

□ heurter 외흐떼 v. 부딪히다, 충돌하다

□ accrochage 아크호샤즈 n.m. 접촉 사고

□ glisser 글리쎄 v. 미끄러지다

□ verglas 베흐글라 n.m. 빙판

Ma voiture a glissé sur le verglas.
마 부아뛰(흐) 아 글리쎄 쒸흐 르 베흐글라
제 차가 빙판길에 미끄러졌어요.

□ dépanneuse 데빠느즈 n.f. 견인차

□ fourrière 푸히애(흐) n.f. 견인 차량 보관소

□ dépassement 데빠쓰멍 n.m. 추월

□ excès de vitesse 엑쌔 드 비떼쓰 과속

Il y a eu un grave accident de voiture dû à un excès de vitesse.
일 리 아 위 엉 그하브 악씨덩 드 부아뛰(흐) 뒤 아 어 넥쌔 드 비떼쓰
과속으로 심각한 교통사고가 발생했어요.

□ délit de fuite 델리 드 퓌뜨 뺑소니

□ assurance 아쒸항쓰 n.f. 보험

□ se noyer 쓰 누아이예 v. 익사하다, 물에 빠지다

□ noyade 누아이야드 n.f. 익사

□ secouriste 쓰꾸히스뜨 n. 구조원, 안전 요원

□ incendie 앵썽디 n.m. 화재

□ explosion 엑스쁠로지옹 n.f. 폭발

□ camion de pompiers 꺄미옹 드 뽕삐에 소방차

= autopompe 오또뽕쁘 n.f.

□ caserne de pompiers 꺄제흔느 드 뽕삐에 소방서

Il y a une caserne de pompier à côté de mon appartement.
일 리 아 윈 꺄제흔느 드 뽕삐에 아 꼬떼 드 모 나빠흐뜨멍
내가 사는 아파트 옆에 소방서가 있어요.

□ catastrophe naturelle 꺄따스트호프 나뛰헬 자연재해

□ avalanche 아발랑슈 n.f. 눈사태

□ avalanche de terre 아발랑슈 드 떼(흐) 산사태

□ tremblement de terre 트헝블르멍 드 떼(흐) 지진

□ raz de marée 하 드 마헤 해일

24. 미아 신고

꼭! 써먹는 **실전 회화**

Mme. Dubois Au secours !
J'ai perdu mon enfant !
오 쓰꾸(흐)! 줴 뻬흐뒤 모 넝팡!
도와주세요! 아이를 잃어버렸어요!

Le policier Pouvez-vous me donner le signalement de votre enfant ?
뿌베부 므 도네 르 씨냘멍 드 보트(흐) 엉팡?
아이 인상착의를 알려 주시겠어요?

Mme. Dubois Mon enfant est un petit garçon aux cheveux bruns portant une veste rouge.
모 넝팡 에 떵 쁘띠 갸흐쏭 오 슈브 브헝 뽀흐땅 윈 베스뜨 후즈
저희 아이는 갈색 머리에 빨간색 웃옷을 입은 남자아이예요.

Le policier Ne vous inquiétez pas, madame.
Nous allons le retrouver.
느 부 쟁끼에떼 빠, 마담. 누 잘롱 르 흐트후베
염려 마세요, 부인. 곧 아이를 찾을 겁니다.

Exercice

다음 단어를 읽고 맞는 뜻과 연결하세요.

1. autobus •	• 관광
2. accident •	• 기차
3. avion •	• 바다
4. crime •	• 버스
5. hôtel •	• 범죄
6. mer •	• 비행기
7. métro •	• 사고
8. montagne •	• 산
9. tourisme •	• 여행
10. train •	• 자동차
11. voiture •	• 지하철
12. voyage •	• 호텔

1. autobus – 버스 2. accident – 사고 3. avion – 비행기 4. crime – 범죄
5. hôtel – 호텔 6. mer – 바다 7. métro – 지하철 8. montagne – 산
9. tourisme – 관광 10. train – 기차 11. voiture – 자동차 12. voyage – 여행

Chapitre 07

Unité 25. MP3. U25

숫자 Les chiffres 레 쉬프(흐)

1. 기수 Nombres cardinaux 농브(흐) 꺄흐디노

□0 zéro 제호

□1 un 엉

□2 deux 드

□3 trois 트후아

□4 quatre 꺄트(흐)

□5 cinq 쌩끄

□6 six 씨쓰

□7 sept 쎄뜨

□8 huit 위뜨

□9 neuf 뇌프

□10 dix 디쓰

□11 onze 옹즈

□12 douze 두즈

□13 treize 트헤즈

□14 quatorze 꺄또흐즈

□15 quinze 깽즈

□16 seize 쎄즈

□17 dix-sept 디쎄뜨

□18 dix-huit 디즈위뜨

□19 dix-neuf 디즈뇌프

□20 vingt 뱅

□21 vingt et un 뱅 떼 엉

□22 vingt-deux 뱅드

□23 vingt-trois 뱅트후아

□24 vingt-quatre 뱅꺄트(흐)

□25 vingt-cinq 뱅쌩끄

□26 vingt-six 뱅씨쓰

□27 vingt-sept 뱅쎄뜨

□28 vingt-huit 뱅뛰뜨

□29 vingt-neuf 뱅뇌프

□30 trente 트헝뜨

□40 quarante 꺄항뜨

□50 cinquante 쌩깡뜨

□60 soixante 쑤아쌍뜨

□70 soixante-dix 쑤아쌍뜨디쓰

□80 quatre-vingts 꺄트흐뱅

□90 quatre-vingt-dix 꺄트흐뱅디쓰

□ 100, 백 — cent 썽
□ 1 000, 천 — mille 밀
□ 10 000, 만 — dix-mille 디밀
□ 100 000, 십만 — cent-mille 썽밀
□ 1 000 000, 백만 — un million 엉 밀리옹
□ 10 000 000, 천만 — dix millions 디 밀리옹
□ 100 000 000, 억 — cent millions 썽 밀리옹
□ 1 000 000 000, 십억 — un milliard 엉 밀리아흐

tip. 숫자 표기법 : 숫자를 표기하는 방법이 조금 달라요. 한국은 일반적으로 세 자리마다 쉼표(,)를 사용하는데, 프랑스는 대부분의 유럽 국가들처럼 세 자리마다 한 칸 띄우거나 마침표(.)를 표시합니다.

- 한국 : 10,000 / 만
- 프랑스 : 10 000 또는 10.000 / dix-mille 디밀

tip. 우리가 수를 나타낼 때 쓰는 아라비아 '숫자'는 un chiffre 엉 쉬프(흐)라고 합니다.
셈하거나 수치를 나타낼 때 숫자로 표현되는 '값'을 le nombre 르 농브(흐)라고 하지요.
순서를 나타낼 때 붙이는 '번호'는 un numéro 엉 뉘메호라고 합니다.

- Choisis un **chiffre** entre 0 et 5.
  슈아지 엉 쉬프(흐) 엉트(흐) 제호 에 쌩끄
  0부터 5 사이에서 숫자 하나를 골라봐.
- Quel est le **nombre** qui multiplié par lui-même donne 121 ?
  껠 레 르 농브(흐) 끼 뮐띠쁠리에 빠흐 뤼멤 돈 썽뱅떼엉 ?
  제곱하여 121이 되는 수는 무엇이죠?
- Tu habites dans la rue Paradis. D'accord. Mais à quel **numéro** ?
  뛰 아비뜨 당 라 휘 빠하디. 다꼬(흐). 메 아 껠 뉘메호 ?
  넌 파라디 가에 산다고. 알았어. 그런데 몇 번지야?

2. 서수 Nombres ordinaux 농브(흐) 오흐디노

- □ 1번째의 premier 프흐미에, première 프흐미애(흐)
- □ 2번째의 deuxième 드지앰
- □ 3번째의 troisième 트후아지앰
- □ 4번째의 quatrième 꺄트히앰
- □ 5번째의 cinquième 쌩끼앰
- □ 6번째의 sixième 씨지앰
- □ 7번째의 septième 쎄띠앰
- □ 8번째의 huitième 위띠앰
- □ 9번째의 neuvième 뇌비앰
- □ 10번째의 dixième 디지앰
- □ 11번째의 onzième 옹지앰
- □ 12번째의 douxième 두지앰
- □ 13번째의 treizième 트헤지앰
- □ 14번째의 quatorzième 꺄또흐지앰
- □ 15번째의 quinzième 깽지앰
- □ 16번째의 seizième 쎄지앰
- □ 17번째의 dix-septième 디쎄띠앰
- □ 18번째의 dix-huitième 디즈위띠앰
- □ 19번째의 dix-neuvième 디즈뇌비앰
- □ 20번째의 vingtième 뱅띠앰
- □ 21번째의 vingt et unième 뱅 떼 위니앰
- □ 22번째의 vingt-deuxième 뱅드지앰

...

- □ 100번째의 centième 썽띠앰

유로화 L'euro 르호

□ 5 euros 쌩 끄호 5유로
= cinq euros

□ 10 euros 디 즈호 10유로
= dix euros

□ 20 euros 뱅 뜨호 20유로
= vingt euros

□ 50 euros 쌩깡 뜨호 50유로
= cinquante euros

□ 100 euros 썽 뜨호 100유로
= cent euros

□ 200 euros 드 썽 즈호 200유로
= deux cents euros

□ 500 euros 쌩 썽 즈호 500유로
= cinq cents euros

Unité 27. MP3. U27

모양 Les formes 레 포흠므

□ point 뿌앙
n.m. 점

□ ligne 린뉴
n.f. 선

□ face 파쓰
n.f. (다면체의) 면

□ droite 드후아뜨
n.f. 직선

□ courbe 꾸흐브
n.f. 곡선

□ solide 쏠리드
n.m. 입체

□ oblique 오블리끄
n.f. 사선

□ cercle 쎄흐끌
n.m. 원, 원형

□ ovale 오발
n.m. 타원형, 계란형

□ demi-cercle
드미쎄흐끌
n.m. 반원형

□ rond(e) 홍(드)
a. 둥근

□ sphère 스패(흐)
n.f. 구

□ cône 꼰
n.m. 원뿔, 원추형

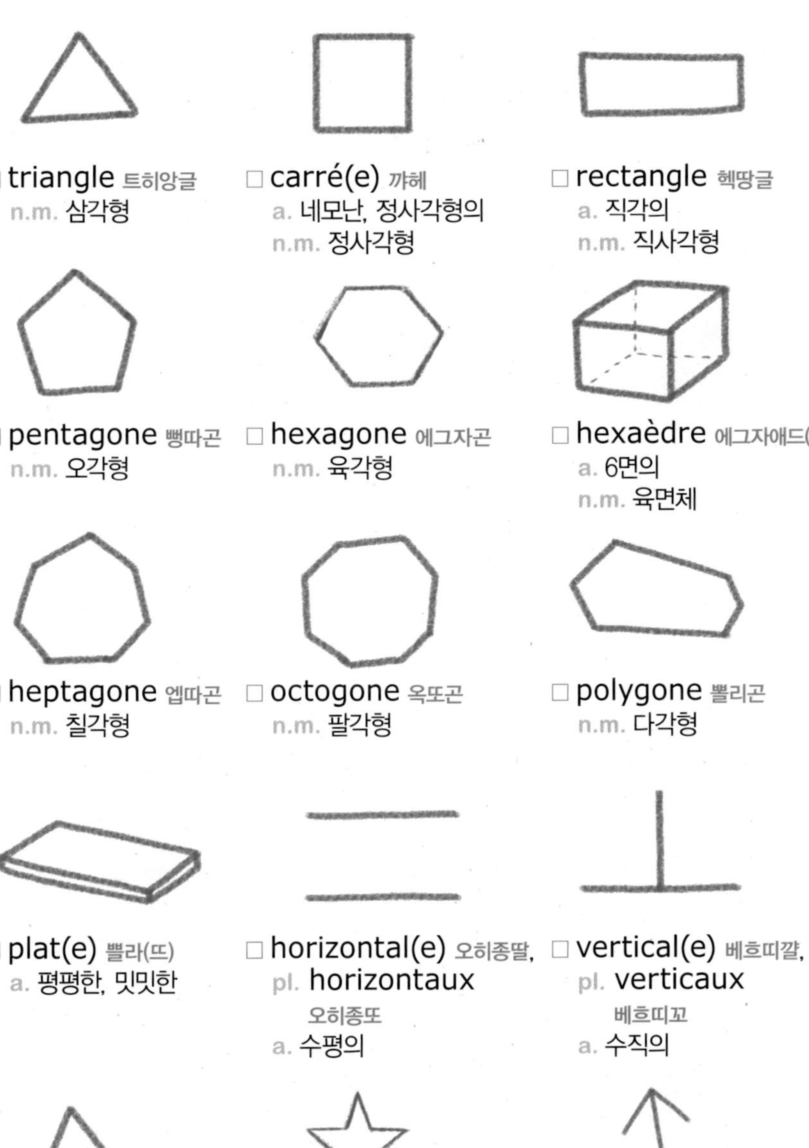

□ triangle 트히앙글
n.m. 삼각형

□ carré(e) 꺄헤
a. 네모난, 정사각형의
n.m. 정사각형

□ rectangle 헥땅글
a. 직각의
n.m. 직사각형

□ pentagone 뼁따곤
n.m. 오각형

□ hexagone 에그자곤
n.m. 육각형

□ hexaèdre 에그자애드(흐)
a. 6면의
n.m. 육면체

□ heptagone 엡따곤
n.m. 칠각형

□ octogone 옥또곤
n.m. 팔각형

□ polygone 뽈리곤
n.m. 다각형

□ plat(e) 쁠라(뜨)
a. 평평한, 밋밋한

□ horizontal(e) 오히종딸, pl. horizontaux 오히종또
a. 수평의

□ vertical(e) 베흐띠꺌, pl. verticaux 베흐띠꼬
a. 수직의

□ pointu(e) 뿌앙뛰
a. 뾰족한

□ en étoile 엉 네뚜알
별 모양의

□ fléché(e) 플레쉐
a. 화살표 모양의

Unité 28. **MP3. U28**

색깔 Les couleurs 레 꿀뢰(흐)

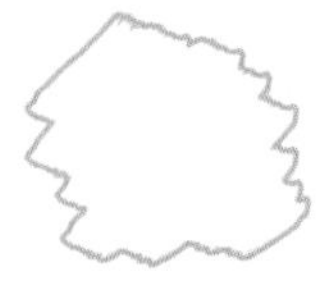

□ blanc 블랑
n.m. 흰색

□ noir 누아
n.m. 검정색

□ gris 그히
n.m. 회색

□ rouge 후즈
n.m. 빨간색

□ orange 오항즈
n.m. 주황색

□ jaune 존
n.m. 노란색

□ vert clair 베흐 끌레
n.m. 연두색

□ vert 베흐
n.m. 초록색

□ bleu ciel 블르 씨엘
n.m. 하늘색

□ bleu 블르
n.m. 파란색

□ bleu marine 블르 마힌
n.m. 남색

□ violet 비올레
n.m. 보라색

□ mauve 모브 n.m.
= parme 빠흠므 n.m.
연보라색

□ rose 호즈
n.m. 분홍색

□ pourpre 뿌흐프(흐)
n.m. 자주색

□ marron 마홍
n.m. 갈색

□ kaki 까끼
n.m. 카키색

□ or 오흐
n.m. 금색

□ argent 아흐정
n.m. 은색

□ foncé(e) 퐁쎄
a. 짙은

□ sombre 쏭브(흐)
a. 어두운

□ clair(e) 끌레(흐)
a. 옅은, 밝은

□ irisé(e) 이히제
a. 무지갯빛의

□ multicolore
뮐띠꼴로(흐)
a. 여러 색의, 다색의

□ monochrome
모노크홈
a. 단색의

위치 Les positionnements 레 뽀지씨온느멍

□ sur 쒸흐
prép. 위에

□ devant 드방
prép. 앞에

□ derrière 데히애(흐)
prép. 뒤에

□ sous 쑤
prép. 아래에

□ hors 오흐
prép. 밖에

□ dans 당
prép. 안에

□ à côté de 아 꼬떼 드
옆에

□ à gauche de
아 고슈 드
왼쪽에

□ entre 엉트(흐)
prép. 사이에

□ à droite de
아 드후아뜨 드
오른쪽에

□ en face de
엉 파쓰 드
맞은편에

□ vers 베흐
prép. ~쪽으로, 향하여

방향 Les directions 레 디헥씨옹

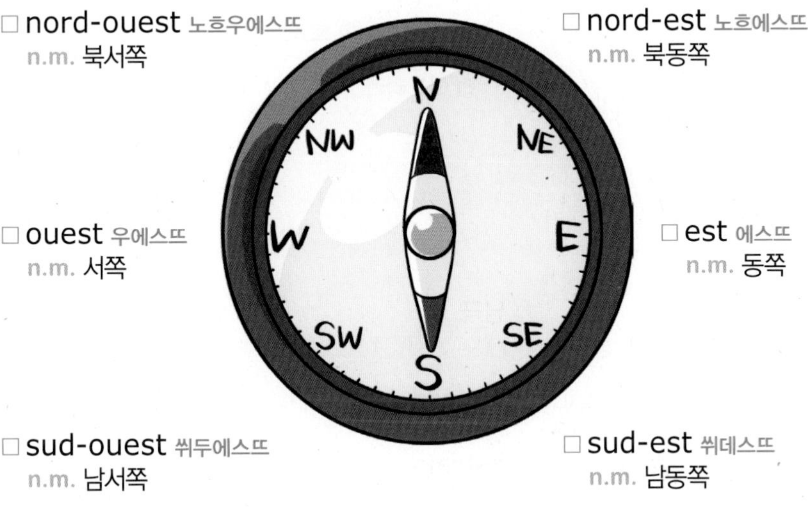

□ nord 노흐
n.m. 북쪽

□ nord-ouest 노흐우에스뜨
n.m. 북서쪽

□ nord-est 노흐에스뜨
n.m. 북동쪽

□ ouest 우에스뜨
n.m. 서쪽

□ est 에스뜨
n.m. 동쪽

□ sud-ouest 쒸두에스뜨
n.m. 남서쪽

□ sud-est 쒸데스뜨
n.m. 남동쪽

□ sud 쒸드
n.m. 남쪽

Unité 31. MP3. U31

지도 La carte du monde 라 꺄흐뜨 뒤 몽드

① Amérique du Nord 아메히끄 뒤 노흐 북아메리카

② Amérique centrale 아메히끄 썽트할 중앙아메리카

③ Amérique du Sud 아메히끄 뒤 쒸드 남아메리카

④ Europe 으홉 n.f. 유럽

⑤ Moyen-Orient 무아이영오히엉 n.m. 중동

⑥ Afrique 아프히끄 n.f. 아프리카

⑦ Asie 아지 n.f. 아시아

⑧ Océanie 오쎄아니 n.f. 오세아니아

⑨ Pôle Nord 뽈 노흐 북극

⑩ Pôle Sud 뽈 쒸드 남극

① océan Pacifique 오쎄앙 빠씨피끄 태평양

② océan Atlantique 오쎄앙 아뜰랑띠끄 대서양

③ océan Indien 오쎄앙 앵디엉 인도양

④ océan Arctique 오쎄앙 아흐끄띠끄 북극해

⑤ océan Antarctique 오쎄앙 앙따흐끄띠끄 남극해

⑥ (mer) Méditerranée (메흐) 메디떼하네 n.f. 지중해

국가 Les pays 레 뻬이

□ Europe 으홉 n.f. 유럽

□ Allemagne 알마뉴 n.f. 독일

□ allemand(e) 알망(드) a. 독일의 n. 독일인

tip. allemand(e)가 형용사 '독일의'나 명사 '독일어'의 의미로 쓰일 때는 소문자로 쓰는 반면, 사람의 국적을 나타내는 '독일인'이라는 뜻으로 쓸 때는 첫 글자를 대문자로 씁니다.
이는 다른 국가의 형용사형에서도 동일하게 적용됩니다. 예컨대, coréen이라고 쓰면 '한국의' 또는 '한국어'라는 의미지만, Coréen이라고 하면 '한국인'을 뜻하게 되지요.

□ Angleterre 앙글르떼(흐) n.f. 영국
= Grande-Bretagne 그항드브흐따뉴 n.f.
= Royaume-Uni 호아욤위니 n.m.

□ anglais(e) 앙글레(즈) a. 영국의 n. 영국인

□ Autriche 오트히슈 n.f. 오스트리아

□ autrichien 오트히쉬엉, autrichienne 오트히쉬엔
a. 오스트리아의 n. 오스트리아 사람

□ Belgique 벨지끄 n.f. 벨기에

□ belge 벨즈 a. 벨기에의 n. 벨기에 사람

□ Danemark 단마흐끄 n.m. 덴마크

□ danois(e) 다누아(즈) a. 덴마크의 n. 덴마크 사람

□ Espagne 에스빠뉴 n.f. 스페인

□ espagnol(e) 에스빠뇰 a. 스페인의 n. 스페인 사람

□ France 프항쓰 n.f. 프랑스

□ français(e) 프항쎄(즈) a. 프랑스의 n. 프랑스인

□ Grèce 그해쓰 n.f. 그리스

□ grec 그헤끄, grecque 그헤끄 a. 그리스의 n. 그리스인

□ Hollande 올랑드 n.f. 네덜란드
= Pays-Bas 뻬이바 n.m.pl.

□ hollandais(e) 올랑데(즈) a. 네덜란드의 n. 네덜란드 사람

□ Italie 이딸리 n.f. 이탈리아

□ italien 이딸리엉, italienne 이딸리엔 a. 이탈리아의 n. 이탈리아 사람

□ Norvège 노흐배즈 n.f. 노르웨이

□ norvégien 노흐베지엉, norvégienne 노흐베지엔
a. 노르웨이의 n. 노르웨이 사람

□ Russie 휘씨 n.f. 러시아

□ russe 휘쓰 a. 러시아의 n. 러시아인

□ Suède 쒸애드 n.f. 스웨덴

□ suédois(e) 쒸에두아(즈) a. 스웨덴의 n. 스웨덴 사람

□ Suisse 쒸이쓰 n.f. 스위스

□ suisse 쒸이쓰 a. 스위스의 n. 스위스 사람

□ Amérique du Nord 아메히끄 뒤 노흐 북아메리카

□ États-Unis 에따쥐니 n.m.pl. 미국

□ américain(e) 아메히깽 (아메히껜) a. 미국의 n. 미국인

□ Canada 꺄나다 n.m. 캐나다

□ canadien 꺄나디엉, canadienne 꺄나디엔 a. 캐나다의 n. 캐나다 사람

□ Mexique 멕씨끄 n.m. 멕시코

□ mexicain(e) 멕씨깽 (멕씨껜) a. 멕시코의 n. 멕시코 사람

□ Amérique centrale 아메히끄 썽트할 중앙아메리카

□ Guatemala 구아떼말라 n.m. 과테말라

□ guatémaltèque 구아떼말때끄 a. 과테말라의 n. 과테말라 사람

□ Honduras 옹뒤하쓰 n.m. 온두라스

□ hondurien 옹뒤히엉, hondurienne 옹뒤히엔 a. 온두라스의 n. 온두라스 사람

□ Amérique du Sud 아메히끄 뒤 쒸드 남아메리카

□ Argentine 아흐정띤 n.f. 아르헨티나

□ argentin(e) 아흐정땡 (아흐정띤) a. 아르헨티나의 n. 아르헨티나 사람

□ Brésil 브헤질 n.m. 브라질

□ brésilien 브헤질리엉, brésilienne 브헤질리엔 a. 브라질의 n. 브라질 사람

□ Chili 쉴리 n.m. 칠레

□ chilien 쉴리엉, chilienne 쉴리엔 a. 칠레의 n. 칠레 사람

□ Paraguay 빠하구에 n.m. 파라과이

□ paraguayen 빠하구에이영, paraguayenne 빠하구에이엔
a. 파라과이의 n. 파라과이 사람

□ Pérou 뻬후 n.m. 페루

□ péruvien 뻬휘비엉, péruvienne 뻬휘비엔 a. 페루의 n. 페루 사람

□ Asie 아지 n.f. 아시아

□ Chine 쉰 n.f. 중국

□ chinois(e) 쉬누아(즈) a. 중국의 n. 중국인

□ Corée 꼬헤 n.f. 한국

□ coréen 꼬헤엉, coréenne 꼬헤엔 a. 한국의 n. 한국인

□ Inde 앵드 n.f. 인도

□ indien 앵디엉, indienne 앵디엔 a. 인도의 n. 인도 사람
= hindou 앵두, hindoue 앵두

tip. hindou 앵두는 아메리칸 인디언 (Indien d'Amérique 앵디엉 다메히끄)과 인도인 (Indien 앵디엉)을 구분하기 위해 씁니다.

□ Japon 자뽕 n.m. 일본

□ japonais(e) 자뽀네(즈) a. 일본의 n. 일본인

□ Singapour 씽가뿌흐 n.m. 싱가포르

□ singapourien 씽가뿌히엉, singapourienne 씽가뿌히엔
a. 싱가포르의 n. 싱가포르 사람

□ Thaïlande 따일랑드 n.f. 태국

□ thaïlandais(e) 따일랑데(즈) a. 태국의 n. 태국 사람

□ Viêt Nam 비엣 남 n.m. 베트남

□ vietnamien 비엣나미엉, vietnamienne 비엣나미엔 a. 베트남의 n. 베트남 사람

□ Moyen-Orient 무아이영오히엉 n.m. 중동

□ Arabie Saoudite 아하비 싸우디뜨 사우디아라비아

□ saoudien 싸우디엉, saoudienne 싸우디엔 a. 사우디아라비아의 n. 사우디아라비아 사람

□ Égypte 에집뜨 n.f. 이집트

□ égyptien 에집씨엉, égyptienne 에집씨엔 a. 이집트의 n. 이집트인

□ Iran 이항 n.m. 이란

□ iranien 이하니엉, iranienne 이하니엔 a. 이란의 n. 이란 사람

□ Turquie 뛰흐끼 n.f. 터키 → **tip.** 터키는 2022년 6월 국호를 '튀르키예'로 변경했어요.

□ turc 뛰흐끄, turque 뛰흐끄 a. 터키의 n. 터키 사람

□ Océanie 오쎄아니 n.f. 오세아니아

□ Australie 오스트할리 n.f. 호주

□ australien 오스트할리엉, australienne 오스트할리엔 a. 호주의 n. 호주 사람

□ Nouvelle-Zélande 누벨젤랑드 n.f. 뉴질랜드

□ néozélandais(e) 네오젤랑데(즈) a. 뉴질랜드의 n. 뉴질랜드 사람

□ Afrique 아프히끄 n.f. 아프리카

□ (République d') Afrique du Sud (헤쀠블리끄 ㄷ) 아프히끄 뒤 쒸드
남아프리카 공화국

□ sud-africain(e) 쒸다프히깽 (쒸다프히껜)
a. 남아프리카 공화국의 n. 남아프리카 공화국 사람

□ Algérie 알제히 n.f. 알제리

□ algérien 알제히엉, algérienne 알제히엔 a. 알제리의 n. 알제리 사람

□ Cameroun 꺄훈 n.m. 카메룬

□ camerounais(e) 꺄후네(즈) a. 카메룬의 n. 카메룬 사람

□ Congo 꽁고 n.m. 콩고

□ congolais(e) 꽁골레(즈) a. 콩고의 n. 콩고 사람

□ Maroc 마호끄 n.m. 모로코

□ marocain(e) 마호깽 (마호껜) a. 모로코의 n. 모로코 사람

접속사 & 전치사 & 부사 Les conjonctions, les prépositions et les adverbes 레 꽁종씨옹, 레 프헤뽀지씨옹 에 레 자드베흐브

1. 접속사 Les conjonctions 레 꽁종씨옹

□ et 에 그리고

□ mais 메 그러나

□ parce que 빠흐쓰 끄 왜냐하면, ~때문에
= car 꺄흐

□ puisque 쀠스끄 ~니까, ~이므로(이미 전제된 사실을 근거로 할 때)

□ comme 꼼 ~니까, ~때문에(주절 앞에 놓일 때), ~처럼, ~와 같이; ~로서

□ bien que 비엉 끄 ~에도 불구하고
= alors que 알로 끄

□ tandis que 땅디 끄 ~하는 동안에(동시성); ~하는 반면에, 한편(대립)

□ si 씨 만약 ~라면

□ même si 멤 씨 비록 ~일지라도

□ quand 깡 ~할 때, ~할 때마다

□ lorsque 로흐스끄 ~할 때(동시성)

2. 전치사 Les préposition 레 프헤뽀지씨옹

□ à 아 ~에

□ de 드 ~의

□ en 엉 ~에, ~한 상태의

□ dans 당 ~안에

□ pour 뿌흐 ~을 위하여

□ par 빠흐 ~에 의하여

□ parmi 빠흐미 (셋 이상) 사이에

□ entre 엉트(흐) (시간·공간) 사이에

□ selon 쓸롱 ~에 따라

□ malgré 말그헤 ~에도 불구하고

□ sans 쌍 ~없이

□ après 아프해 ~후에

□ avant 아방 ~전에

□ pendant 뻥당 ~동안

□ jusque 쥐스끄 ~까지

□ depuis 드쀠 ~이래로

□ hors 오흐 ~밖에, 이외에
= sauf 쏘프

□ contre 꽁트(흐) ~반대로

3. **부사** Les adverbes 레 자드베흐브

□ aussi 오씨 또한

□ encore 엉꼬(흐) 다시

□ pas ~ encore 빠~ 엉꼬(흐) 아직 ~ 아니다

□ ne ~ pas 느~ 빠 ~이 아니다, 않다

□ ne ~ jamais 느~ 자메 결코 ~하지 않다

□ très 트해 아주, 매우

□ trop 트호 너무

□ déjà 데자 이미

□ toujours 뚜주(흐) 항상, 여전히

□ presque 프헤스끄 거의

□ environ 엉비홍 약, 쯤

□ ainsi 앵씨 그렇게, 이와 같이

□ enfin 엉팽 결국

□ cependant 쓰뺑당 그렇지만

□ seulement 쐴멍 오직, 단지

□ un peu 엉 쁘 약간, 조금

□ au contraire 오 꽁트헤(흐) 반대로
= par contre 빠흐 꽁트(흐)

□ différemment 디페하멍 다르게

□ récemment 헤싸멍 최근에

□ parfois 빠흐푸아 가끔, 종종

□ de temps en temps 드 떵 정 떵 때때로

□ en général 엉 제네할 보통, 일반적으로
= généralement 제네할멍

□ peut-être 쁘떼트(흐) 아마, 어쩌면
= probablement 프호바블르멍

□ sans doute 쌍 두뜨 아마도, 분명

□ juste 쥐스뜨 바로, 꼭, 겨우

□ au lieu de 오 리으 드 대신에

□ heureusement 외흐즈멍 다행히, 무사히

□ malheureusement 말뢰흐즈멍 불행히도

□ facilement 파씰멍 쉽게

□ en détail 엉 데따이 자세하게

□ concrètement 꽁크해뜨멍 구체적으로

□ par hasard 빠흐 아자(흐) 우연히

□ en particulier 엉 빠흐띠뀔리에 특히, 특별히

□ en fait 엉 페뜨 사실은

□ en tout cas 엉 뚜 꺄 어쨌든

Unité 34.

주요 동사

1. avoir

① (사물을) 가지다, 소유하다

J'ai une voiture.
줴 윈 부아뛰(흐)
전 차가 있어요.

② (의복을) 착용하다

Elle a un foulard.
엘 라 엉 풀라(흐)
그녀는 스카프를 했어요.

③ (가족·인간관계가) 있다

Il a deux enfants.
일 라 드 정팡
그는 아이가 둘 있어요.

④ (신체적 특징이) 있다

Elle a les cheveux blonds.
엘 라 레 슈브 블롱
그녀는 금발 머리예요.

⑤ (감정이나 생각을) 느끼다

J'ai du chagrin.
줴 뒤 샤그행
마음이 괴로워요.

⑥ [avoir+무관사 명사] ~한 상태다

J'ai faim.
줴 팽
배가 고파요.

2. faire

① (사물을) 만들다, 짓다

Je fais un pull.
즈 페 엉 쀨
스웨터를 만들고 있어요.

② (동물이 새끼를) 낳다

Ma chatte a fait des petits.
마 샤뜨 아 페 데 쁘띠
우리 고양이가 새끼를 낳았어요.

③ (행동을) 하다

J'ai fait une erreur.
줴 페 윈 에회
제가 실수를 했어요.

④ (운동을) 하다

Il fait souvent du basket.
일 페 쑤벙 뒤 바스께
그는 농구를 자주 해요.

⑤ (악기를) 연주하다

Elle fait du piano.
엘 페 뒤 삐아노
그녀는 피아노를 잘 쳐요.

⑥ ~로 하여금 ~게 하다

Tu me fais mal.
뛰 므 페 말
넌 나를 아프게 해.

⑦ (기간·가격·치수 등이) ~가 되다

Ça fait trois ans que je le connais.
싸 페 트후아 장 끄 즈 르 꼬네
그를 알고 지낸 지 3년이 되었어요.

Cela fait soixante-deux euros.
쓸라 페 쑤아쌍드 즈호
(전부 합쳐서) 62유로입니다.

⑧ [비인칭] 날씨가 ~하다

Il fait froid.
일 페 프후아
날씨가 추워요.

3. aller

① (특정 장소로) 가다

Je vais à l'école.
즈 베 자 레꼴
전 학교에 가요.

② (교통수단을 이용하여) 가다

Il va en métro.
일 바 엉 메트호
그는 지하철을 타고 가요.

③ (~하러) 가다

Elle va acheter du lait.
엘 바 아슈떼 뒤 레
그녀는 우유를 사러 갔어요.

④ (일이) 진행되다

Les affaires vont bien.
레 자페(흐) 봉 비엉
사업이 잘 되어 갑니다.

⑤ (건강 상태가) ~한 상태로 지내다

Comment ça va ?
꼬멍 싸 바?
잘 지내요?

Je vais bien, merci.
즈 베 비엉, 메흐씨
전 잘 지내요, 고마워요.

⑥ [aller+동사원형] (준조동사) ~하려고 하다

Il va partir maintenant.
일 바 빠흐띠 맹뜨낭
그는 지금 떠나려고 해요.

4. **prendre**

① 잡다, 붙들다

Il prend le volant de sa voiture.
일 프헝 르 볼랑 드 싸 부아뛰(흐)
그가 차의 핸들을 잡았어요.

② (자리·공간을) 차지하다

J'ai pris une chambre.
줴 프히 윈 샹브(흐)
방 하나를 차지했어요.

③ 얻다, 받다

Il a pris un congé parental.
일 라 프히 엉 꽁제 빠헝딸
그는 육아휴직을 얻었어요.

④ (음식을) 먹다, (약을) 복용하다

Elle prend son petit-déjeuner
엘 프헝 쏭 쁘띠데죄네
그녀는 아침을 먹어요.

⑤ (탈것을) 타다

Je prends le bus pour aller chez moi.
즈 프헝 르 뷔쓰 뿌흐 알레 쉐 무아
저는 집에 가기 위해 버스를 타요.

⑥ (글 등을) 쓰다, (사진을) 찍다, (복사를) 하다

Il prend bien des notes.
일 프헝 비엉 데 노뜨
그는 노트를 잘해요.

J'ai pris des photos au parc.
줴 프히 데 포또 오 빠흐끄
공원에서 사진을 찍었어요.

5. **devoir** [devoir+동사원형]

* 조동사처럼 주로 동사원형 앞에 씁니다.

① ~해야 한다, ~하지 않으면 안 된다

Tu dois faire tes devoirs.
뛰 두아 페(흐) 떼 드부아
넌 숙제를 꼭 해야 해.

② (필연적으로) 반드시 ~하기 마련이다

Les hommes doivent mourir.
레 점 두아브 무히
사람들은 죽기 마련이에요.

③ (미래에) ~할 것이다, ~할 예정이다

Il doit arriver par le train.
일 두아 아히베 빠흐 르 트행
그는 기차로 도착할 예정이에요.

④ (추측·가능성) 아마 ~일 것이다, ~임에 틀림없다

Elle doit être lycéenne maintenant.
엘 두아 에트(흐) 리쎄엔 맹뜨낭
그녀는 지금쯤 고등학생이 되었을 거예요.

6. **voir**

① (눈으로) 보다

Je vois sa voiture.
즈 부아 싸 부아뛰(흐)
그의 차가 보여요.

② (공연·볼거리를) 구경하다

Je vais voir un concert.
즈 베 부아 엉 꽁쎄(흐)
전 공연을 보러 가요.

③ 만나다, 방문하다

Il veut voir son professeur.
일 브 부아 쏭 프호페쐬
그는 선생님을 만나고 싶어 해요.

④ 살펴보다, (의사가 환자를) 진찰하다

Elle a vu le médecin hier.
엘 라 뷔 르 메드쌩 이에
그녀는 어제 진찰을 받았어요.

⑤ 알다, 이해하다

Je vois ce que tu veux dire.
즈 부아 쓰 끄 뛰 브 디(흐)
네가 무슨 말을 하는지 이해했어.

Unité 35.

동사 변화

1군 규칙 동사 Verbe	주어 Sujet	현재 Présent	단순 미래 Futur simple	반과거 Imparfait	단순과거 Passé simple
acheter	Je (J')	achète	achèterai	achetais	achetai
사다	Tu	achètes	achèteras	achetais	achetas
	Il/Elle	achète	achètera	achetait	acheta
	Nous	achetons	achèterons	achetions	achetâmes
	Vous	achetez	achèterez	achetiez	achetâtes
	Ils/Elles	achètent	achèteront	achetaient	achetèrent
aimer	Je (J')	aime	aimerai	aimais	aimai
좋아하다	Tu	aimes	aimeras	aimais	aimas
	Il/Elle	aime	aimera	aimait	aima
	Nous	aimons	aimerons	aimions	aimâmes
	Vous	aimez	aimerez	aimiez	aimâtes
	Ils/Elles	aiment	aimeront	aimaient	aimèrent
chercher	Je (J')	cherche	chercherai	cherchais	cherchai
찾다	Tu	cherches	chercheras	cherchais	cherchas
	Il/Elle	cherche	cherchera	cherchait	chercha
	Nous	cherchons	chercherons	cherchions	cherchâmes
	Vous	cherchez	chercherez	cherchiez	cherchâtes
	Ils/Elles	cherchent	chercheront	cherchaient	cherchèrent
commencer	Je (J')	commence	commencerai	commençais	commençai
시작하다	Tu	commences	commenceras	commençais	commenças
	Il/Elle	commence	commencera	commençait	commença
	Nous	commençons	commencerons	commencions	commençâmes
	Vous	commencez	commencerez	commenciez	commençâtes
	Ils/Elles	commencent	commenceront	commençaient	commencèrent
manger	Je (J')	mange	mangerai	mangeais	mangeai
먹다	Tu	manges	mangeras	mangeais	mangeas
	Il/Elle	mange	mangera	mangeait	mangea
	Nous	mangeons	mangerons	mangions	mangeâmes
	Vous	mangez	mangerez	mangiez	mangeâtes
	Ils/Elles	mangent	mangeront	mangeaient	mangèrent

복합과거 Passé composé	전미래 Futur antérieur	대과거 Plus-que-parfait	전과거 Passé antérieur
ai acheté	aurai acheté	avais acheté	eus acheté
as acheté	auras acheté	avais acheté	eus acheté
a acheté	aura acheté	avait acheté	eut acheté
avons acheté	aurons acheté	avions acheté	eûmes acheté
avez acheté	aurez acheté	aviez acheté	eûtes acheté
ont acheté	auront acheté	avaient acheté	eurent acheté
ai aimé	aurai aimé	avais aimé	eus aimé
as aimé	auras aimé	avais aimé	eus aimé
a aimé	aura aimé	avait aimé	eut aimé
avons aimé	aurons aimé	avions aimé	eûmes aimé
avez aimé	aurez aimé	aviez aimé	eûtes aimé
ont aimé	auront aimé	avaient aimé	eurent aimé
ai cherché	aurai cherché	avais cherché	eus cherché
as cherché	auras cherché	avais cherché	eus cherché
a cherché	aura cherché	avait cherché	eut cherché
avons cherché	aurons cherché	avions cherché	eûmes cherché
avez cherché	aurez cherché	aviez cherché	eûtes cherché
ont cherché	auront cherché	avaient cherché	eurent cherché
ai commencé	aurai commencé	avais commencé	eus commencé
as commencé	auras commencé	avais commencé	eus commencé
a commencé	aura commencé	avait commencé	eut commencé
avons commencé	aurons commencé	avions commencé	eûmes commencé
avez commencé	aurez commencé	aviez commencé	eûtes commencé
ont commencé	auront commencé	avaient commencé	eurent commencé
ai mangé	aurai mangé	avais mangé	eus mangé
as mangé	auras mangé	avais mangé	eus mangé
a mangé	aura mangé	avait mangé	eut mangé
avons mangé	aurons mangé	avions mangé	eûmes mangé
avez mangé	aurez mangé	aviez mangé	eûtes mangé
ont mangé	auront mangé	avaient mangé	eurent mangé

2군 규칙 동사 Verbe	주어 Sujet	현재 Présent	단순 미래 Futur simple	반과거 Imparfait	단순과거 Passé simple
finir	Je (J')	finis	finirai	finissais	finis
끝나다, 끝내다	Tu	finis	finiras	finissais	finis
	Il/Elle	finit	finira	finissait	finit
	Nous	finissons	finirons	finissions	finîmes
	Vous	finissez	finirez	finissiez	finîtes
	Ils/Elles	finissent	finiront	finissaient	finirent

3군 불규칙 동사 Verbe	주어 Sujet	현재 Présent	단순 미래 Futur simple	반과거 Imparfait	단순과거 Passé simple
aller	Je (J')	vais	irai	allais	allai
가다	Tu	vas	iras	allais	allas
	Il/Elle	va	ira	allait	alla
	Nous	allons	irons	allions	allâmes
	Vous	allez	irez	alliez	allâtes
	Ils/Elles	vont	iront	allaient	allèrent
avoir	Je (J')	ai	aurai	avais	eus
가지다	Tu	as	auras	avais	eus
	Il/Elle	a	aura	avait	eut
	Nous	avons	aurons	avions	eûmes
	Vous	avez	aurez	aviez	eûtes
	Ils/Elles	ont	auront	avaient	eurent
boire	Je (J')	bois	boirai	buvais	bus
마시다	Tu	bois	boiras	buvais	bus
	Il/Elle	boit	boira	buvait	but
	Nous	buvons	boirons	buvions	bûmes
	Vous	buvez	boirez	buviez	bûtes
	Ils/Elles	boivent	boiront	buvaient	burent
croire	Je (J')	crois	croirai	croyais	crus
믿다, 생각하다	Tu	crois	croiras	croyais	crus
	Il/Elle	croit	croira	croyait	crut
	Nous	croyons	croirons	croyions	crûmes
	Vous	croyez	croirez	croyiez	crûtes
	Ils/Elles	croient	croiront	croyaient	crurent

복합과거 Passé composé	전미래 Futur antérieur	대과거 Plus-que-parfait	전과거 Passé antérieur
ai fini	aurai fini	avais fini	eus fini
as fini	auras fini	avais fini	eus fini
a fini	aura fini	avait fini	eut fini
avons fini	aurons fini	avions fini	eûmes fini
avez fini	aurez fini	aviez fini	eûtes fini
ont fini	auront fini	avaient fini	eurent fini

복합과거 Passé composé	전미래 Futur antérieur	대과거 Plus-que-parfait	전과거 Passé antérieur
suis allé	serai allé	étais allé	fus allé
es allé	seras allé	étais allé	fus allé
est allé	sera allé	était allé	fut allé
sommes allés	serons allés	étions allés	fûmes allés
êtes allés	serez allés	étiez allés	fûtes allés
sont allés	seront allés	étaient allés	furent allés
ai eu	aurai eu	avais eu	eus eu
as eu	auras eu	avais eu	eus eu
a eu	aura eu	avait eu	eut eu
avons eu	aurons eu	avions eu	eûmes eu
avez eu	aurez eu	aviez eu	eûtes eu
ont eu	auront eu	avaient eu	eurent eu
ai bu	aurai bu	avais bu	eus bu
as bu	auras bu	avais bu	eus bu
a bu	aura bu	avait bu	eut bu
avons bu	aurons bu	avions bu	eûmes bu
avez bu	aurez bu	aviez bu	eûtes bu
ont bu	auront bu	avaient bu	eurent bu
ai cru	aurai cru	avais cru	eus cru
as cru	auras cru	avais cru	eus cru
a cru	aura cru	avait cru	eut cru
avons cru	aurons cru	avions cru	eûmes cru
avez cru	aurez cru	aviez cru	eûtes cru
ont cru	auront cru	avaient cru	eurent cru

3군 불규칙 동사 Verbe	주어 Sujet	현재 Présent	단순 미래 Futur simple	반과거 Imparfait	단순과거 Passé simple
devoir	Je (J')	dois	devrai	devais	dus
~해야 한다	Tu	dois	devras	devais	dus
	Il/Elle	doit	devra	devait	dut
	Nous	devons	devrons	devions	dûmes
	Vous	devez	devrez	deviez	dûtes
	Ils/Elles	doivent	devront	devaient	durent
dire	Je (J')	dis	dirai	disais	dis
말하다	Tu	dis	diras	disais	dis
	Il/Elle	dit	dira	disait	dit
	Nous	disons	dirons	disions	dîmes
	Vous	dites	direz	disiez	dîtes
	Ils/Elles	disent	diront	disaient	dirent
dormir	Je (J')	dors	dormirai	dormais	dormis
자다	Tu	dors	dormiras	dormais	dormis
	Il/Elle	dort	dormira	dormait	dormit
	Nous	dormons	dormirons	dormions	dormîmes
	Vous	dormez	dormirez	dormiez	dormîtes
	Ils/Elles	dorment	dormiront	dormaient	dormirent
être	Je (J')	suis	serai	étais	fus
있다, ~이다	Tu	es	seras	étais	fus
	Il/Elle	est	sera	était	fut
	Nous	sommes	serons	étions	fûmes
	Vous	êtes	serez	étiez	fûtes
	Ils/Elles	sont	seront	étaient	furent
faire	Je (J')	fais	ferai	faisais	fis
만들다; 하다	Tu	fais	feras	faisais	fis
	Il/Elle	fait	fera	faisait	fit
	Nous	faisons	ferons	faisions	fîmes
	Vous	faites	ferez	faisiez	fîtes
	Ils/Elles	font	feront	faisaient	firent

복합과거 Passé composé	전미래 Futur antérieur	대과거 Plus-que-parfait	전과거 Passé antérieur
ai dit	aurai dit	avais dit	eus dit
as dit	auras dit	avais dit	eus dit
a dit	aura dit	avait dit	eut dit
avons dit	aurons dit	avions dit	eûmes dit
avez dit	aurez dit	aviez dit	eûtes dit
ont dit	auront dit	avaient dit	eurent dit
ai dormi	aurai dormi	avais dormi	eus dormi
as dormi	auras dormi	avais dormi	eus dormi
a dormi	aura dormi	avait dormi	eut dormi
avons dormi	aurons dormi	avions dormi	eûmes dormi
avez dormi	aurez dormi	aviez dormi	eûtes dormi
ont dormi	auront dormi	avaient dormi	eurent dormi
ai dû	aurai dû	avais dû	eus dû
as dû	auras dû	avais dû	eus dû
a dû	aura dû	avait dû	eut dû
avons dû	aurons dû	avions dû	eûmes dû
avez dû	aurez dû	aviez dû	eûtes dû
ont dû	auront dû	avaient dû	eurent dû
ai été	aurai été	avais été	eus été
as été	auras été	avais été	eus été
a été	aura été	avait été	eut été
avons été	aurons été	avions été	eûmes été
avez été	aurez été	aviez été	eûtes été
ont été	auront été	avaient été	eurent été
ai fait	aurai fait	avais fait	eus fait
as fait	auras fait	avais fait	eus fait
a fait	aura fait	avait fait	eut fait
avons fait	aurons fait	avions fait	eûmes fait
avez fait	aurez fait	aviez fait	eûtes fait
ont fait	auront fait	avaient fait	eurent fait

3군 불규칙 동사 Verbe	주어 Sujet	현재 Présent	단순 미래 Futur simple	반과거 Imparfait	단순과거 Passé simple
mettre	Je (J')	mets	mettrai	mettais	mis
놓다, 넣다	Tu	mets	mettras	mettais	mis
	Il/Elle	met	mettra	mettait	mit
	Nous	mettons	mettrons	mettions	mîmes
	Vous	mettez	mettrez	mettiez	mîtes
	Ils/Elles	mettent	mettront	mettaient	mirent
pouvoir	Je (J')	peux	pourrai	pouvais	pus
~할 수 있다	Tu	peux	pourras	pouvais	pus
	Il/Elle	peut	pourra	pouvait	put
	Nous	pouvons	pourrons	pouvions	pûmes
	Vous	pouvez	pourrez	pouviez	pûtes
	Ils/Elles	peuvent	pourront	pouvaient	purent
prendre	Je (J')	prends	prendrai	prenais	pris
잡다	Tu	prends	prendras	prenais	pris
	Il/Elle	prend	prendra	prenait	prit
	Nous	prenons	prendrons	prenions	prîmes
	Vous	prenez	prendrez	preniez	prîtes
	Ils/Elles	prennent	prendront	prenaient	prirent
savoir	Je (J')	sais	saurai	savais	sus
알다	Tu	sais	sauras	savais	sus
	Il/Elle	sait	saura	savait	sut
	Nous	savons	saurons	savions	sûmes
	Vous	savez	saurez	saviez	sûtes
	Ils/Elles	savent	sauront	savaient	surent
venir	Je (J')	viens	viendrai	venais	vins
오다	Tu	viens	viendras	venais	vins
	Il/Elle	vient	viendra	venait	vint
	Nous	venons	viendrons	venions	vînmes
	Vous	venez	viendrez	veniez	vîntes
	Ils/Elles	viennent	viendront	venaient	vinrent

복합과거 Passé composé	전미래 Futur antérieur	대과거 Plus-que-parfait	전과거 Passé antérieur
ai mis	aurai mis	avais mis	eus mis
as mis	auras mis	avais mis	eus mis
a mis	aura mis	avait mis	eut mis
avons mis	aurons mis	avions mis	eûmes mis
avez mis	aurez mis	aviez mis	eûtes mis
ont mis	auront mis	avaient mis	eurent mis
ai pu	aurai pu	avais pu	eus pu
as pu	auras pu	avais pu	eus pu
a pu	aura pu	avait pu	eut pu
avons pu	aurons pu	avions pu	eûmes pu
avez pu	aurez pu	aviez pu	eûtes pu
ont pu	auront pu	avaient pu	eurent pu
ai pris	aurai pris	avais pris	eus pris
as pris	auras pris	avais pris	eus pris
a pris	aura pris	avait pris	eut pris
avons pris	aurons pris	avions pris	eûmes pris
avez pris	aurez pris	aviez pris	eûtes pris
ont pris	auront pris	avaient pris	eurent pris
ai su	aurai su	avais su	eus su
as su	auras su	avais su	eus su
a su	aura su	avait su	eut su
avons su	aurons su	avions su	eûmes su
avez su	aurez su	aviez su	eûtes su
ont su	auront su	avaient su	eurent su
suis venu	serai venu	étais venu	fus venu
es venu	seras venu	étais venu	fus venu
est venu	sera venu	était venu	fut venu
sommes venus	serons venus	étions venus	fûmes venus
êtes venus	serez venus	étiez venus	fûtes venus
sont venus	seront venus	étaient venus	furent venus

3군 불규칙 동사 Verbe	주어 Sujet	현재 Présent	단순 미래 Futur simple	반과거 Imparfait	단순과거 Passé simple
voir	Je (J')	vois	verrai	voyais	vis
보다	Tu	vois	verras	voyais	vis
	Il/Elle	voit	verra	voyait	vit
	Nous	voyons	verrons	voyions	vîmes
	Vous	voyez	verrez	voyiez	vîtes
	Ils/Elles	voient	verront	voyaient	virent
vouloir	Je (J')	veux	voudrai	voulais	voulus
원하다	Tu	veux	voudras	voulais	voulus
	Il/Elle	veut	voudra	voulait	voulut
	Nous	voulons	voudrons	voulions	voulûmes
	Vous	voulez	voudrez	vouliez	voulûtes
	Ils/Elles	veulent	voudront	voulaient	voulurent

복합과거 Passé composé	전미래 Futur antérieur	대과거 Plus-que-parfait	전과거 Passé antérieur
ai vu	aurai vu	avais vu	eus vu
as vu	auras vu	avais vu	eus vu
a vu	aura vu	avait vu	eut vu
avons vu	aurons vu	avions vu	eûmes vu
avez vu	aurez vu	aviez vu	eûtes vu
ont vu	auront vu	avaient vu	eurent vu
ai voulu	aurai voulu	avais voulu	eus voulu
as voulu	auras voulu	avais voulu	eus voulu
a voulu	aura voulu	avait voulu	eut voulu
avons voulu	aurons voulu	avions voulu	eûmes voulu
avez voulu	aurez voulu	aviez voulu	eûtes voulu
ont voulu	auront voulu	avaient voulu	eurent voulu

1. 알파벳순

A

B

C

E

F

H

I

J

M

N

O

P

Q

S

T

U

V

W

Y

Z

etc.

2. 한글순

ㄱ

ㄴ

ㅁ

ㅂ

ㅅ

ㅇ

ㅈ

ㅌ

ㅍ

ㅎ

기타